我
们
一
起
解
决
问
题

外贸行业人才技能提升丛书

外贸跟单业务
从入门到精通

许丽洁 主编

人民邮电出版社

北　京

图书在版编目（CIP）数据

外贸跟单业务从入门到精通 / 许丽洁主编. -- 北京：
人民邮电出版社，2020.11
（外贸行业人才技能提升丛书）
ISBN 978-7-115-54934-1

Ⅰ．①外… Ⅱ．①许… Ⅲ．①对外贸易－市场营销
Ⅳ．①F740.4

中国版本图书馆CIP数据核字（2020）第182080号

内 容 提 要

　　外贸企业的生存和发展与订单息息相关，在国际贸易中，一旦签订了出口合同，就要严格按合同要求的品质及其他条件交货，只有这样才能赢得客户。作为订单的跟进者，外贸跟单人员的工作质量好坏直接影响企业的服务品质和企业形象。而要成为一名优秀的外贸跟单员，必须根据市场发展的要求不断提升自己的专业能力和业务能力，本书便是外贸跟单员提升业务技能的实操手册。

　　《外贸跟单业务从入门到精通》一书由商务部海外营销专家、具有20多年外贸行业从业经验的资深顾问许丽洁老师主编。本书主要从外贸订单确认环节业务跟进、备货环节业务跟进、出口运输环节业务跟进、报检报关环节业务跟进和制单结汇环节业务跟进五个部分入手，针对外贸跟单业务操作全过程中所涉及的关键知识点，按照从入门到精通的递进规律进行了详细的阐述与解析。本书内容扎实，使用了大量的流程、图表、案例、提示，读者可以拿来即用，是外贸从业人员的岗位必备工作指南。

　　本书适合外贸从业人员、外贸行业创业者、希望加入外贸行业的就业者，国际贸易、国际经济以及涉外专业方向的高校师生，各省、自治区、直辖市跨境电商综合试验区管委会及平台型企业的相关人员阅读和使用。

　◆　主　　编　许丽洁
　　　责任编辑　贾淑艳
　　　责任印制　彭志环
　◆　人民邮电出版社出版发行　　北京市丰台区成寿寺路11号
　　　邮编　100164　电子邮件　315@ptpress.com.cn
　　　网址　https://www.ptpress.com.cn
　　　固安县铭成印刷有限公司印刷
　◆　开本：800×1000　1/16
　　　印张：13.5　　　　　　2020年11月第1版
　　　字数：250千字　　　　2025年9月河北第25次印刷
　　　　　　　　　定　价：59.00元
读者服务热线：(010) 81055656　印装质量热线：(010) 81055316
反盗版热线：(010) 81055315

我国政府非常重视外贸的稳定发展。保障外贸产业链、供应链畅通运转，稳定国际市场份额，是我国发展对外贸易的当务之急。"把发展潜力和动能充分释放出来，需要深化对外开放和国际合作，稳住外贸外资基本盘。要保障外贸产业链、供应链畅通运转，稳定国际市场份额。要用足用好出口退税、出口信用保险等合规的外贸政策工具，保障外贸产业链、供应链畅通运转。"这是时代赋予外贸发展的新使命。

在我国改革开放的过程中，中小外贸企业在稳定经济、增加就业、发展对外贸易、加强技术创新、促进地方经济发展方面发挥了重要的作用。随着2019年全球国际贸易经济环境的变化，我国的中小外贸企业也面临着不同于以往的严峻的国际竞争和发展压力。

中小外贸企业若要走出困境，一方面离不开国家与地方政府在政策上的方向性引导与实际帮扶，另一方面更需要自身加强造血功能，在企业发展中，持续优化与改进管理体系，打造企业核心竞争力，以实现企业长远、健康发展的目标。

虽然未来一段时间内我们所面临的外贸形势严峻复杂，但不会改变我国外贸长期向好的趋势，我国中小外贸企业的创新意识和市场拓展能力都很强，我国在全球产业链、供应链中的地位将不会改变。

许丽洁老师主编的这套"外贸行业人才技能提升丛书"是顺应时代需求之作，是外贸从业人员的岗位工作指南，能够帮助外贸行业从业人员夯实基础知识、提升实操技能。这套丛书值得中小外贸企业、高校相关专业师生阅读和使用。

金旭

中国国际贸易学会会长
曾任中国驻英国大使馆公使衔商务参赞
商务部美洲大洋洲司前副司长

丛书序

2019 年 11 月 28 日，中共中央、国务院发布的《关于推进贸易高质量发展的指导意见》（以下简称《意见》）中提出要加强服务贸易国际合作，打造"中国服务"国家品牌。《意见》要求构建开放、协同、高效的共性技术研发平台，强化制造业创新对贸易的支撑作用；发挥市场机制作用，促进贸易与产业互动，推进产业国际化进程。

为了进一步提高贸易便利化水平，简化报检手续、便利企业通关，我国检验检疫部门已经启用全国检验检疫无纸化系统。经审核通过的无纸化报检企业按照不同的无纸化方式进行申报，对于贸易单证（合同、发票、提单、装箱单等），企业原则上采取自存方式；涉及贸易单证外的其他随附单证应上传至系统；检验检疫机构在受理报检、签证放行、检验检疫及监管过程中需要核验纸质随附单证的，企业应提交相关纸质单证。这极大地方便了外贸企业和外贸业务人员开展各项外贸业务，从而提升了行业效能。

然而，有些刚刚入行的外贸业务人员对该行业的了解不深，不知道应该如何开展外贸工作。为了继续优化与提升我国国际贸易竞争力，必须提升从业人员的业务能力。

基于此，我们组织编写了"外贸行业人才技能提升丛书"，其中包括《外贸业务全过程从入门到精通》《外贸跟单业务从入门到精通》《国际物流与货运代理从入门到精通》《报检与报关业务从入门到精通》《海外参展与营销从入门到精通》五本外贸人员需要的实操手册。

本套丛书的特点是内容全面、深入浅出、易于理解，尤其注重实际操作，对所涉业务的操作要求、步骤、方法、注意事项做了详细的介绍，并提供了大量在实际工作中已被证明行之有效的范本，读者可以将其复制下来，略作修改，为己所用，以节省时间和精力。

由于编者水平有限，书中难免会有疏漏之处，敬请读者批评指正。

第一章　外贸订单确认环节业务跟进

开展外贸业务的第一步是寻找海外客户、报价、沟通、谈判，获得订单。订单的确认通常是以国际贸易合同的签订为标志，但与内贸不同的是，外贸订单获得最终确认的标志是收到定金或信用证，所以，即便签订了合同，业务人员仍会围绕着订单展开一系列业务。

第二章　备货环节业务跟进

　　备货是根据出口合同及信用证中有关货物的品种、规格、数量、包装等条款的约定，按时、按质、按量地准备好应交的出口货物，并做好申请报检和领证工作。一般来说，所有出货前的各项工作都属于备货环节的业务范围。

第三章　出口运输环节业务跟进

外贸业务人员在确认可以出货的前提下，将情况告知客户，让其指定验货公司验货。验货合格后，向货代订舱，安排出货。同时，要建议与跟催买方办理国际货运保险。这一环节的工作比较烦琐，若要货物顺顺利利地在合同规定的交货期内交运，外贸业务人员有必要耐心、细致地跟踪好每项业务。

第四章　报检报关环节业务跟进

在完成货物的交接准备工作之后，货物交运之前，出口企业应针对不同商品的情况和出口合同的规定，对出口货物进行申请检验，也就是报检。出口企业在取得检验证书或放行通知单后，在规定的有效期内报运出口，也就是报关通关。报检报关环节中的业务非常琐碎，需要耐心地跟进。

第五章 制单结汇环节业务跟进

结关放行后，紧接着的工作就是准备单据（汇票、出口发票、运输单据和保险单以及其他合同或信用证规定的结汇所需单证）和收款（在信用证规定的交单有效期内，将各种单据和必要的凭证送交指定的银行办理付款、承兑或议付手续，并在收到货款后向银行进行结汇）。

第一章

外贸订单确认环节业务跟进

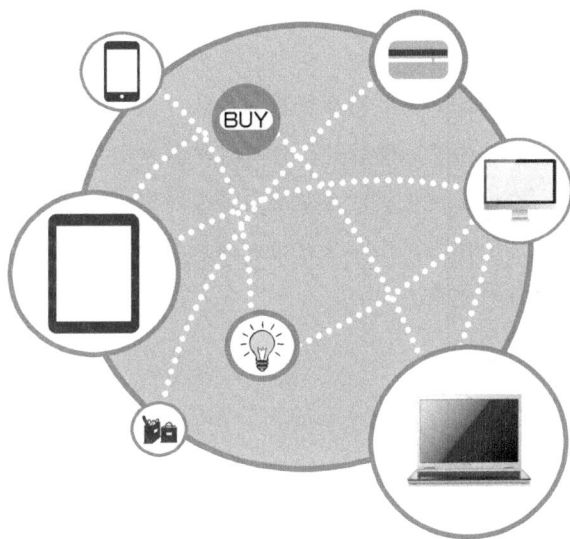

开展外贸业务的第一步是寻找海外客户、报价、沟通、谈判，获得订单。订单的确认通常是以国际贸易合同的签订为标志，但与内贸不同的是，外贸订单获得最终确认的标志是收到定金或信用证，所以，即便签订了合同，业务人员仍会围绕着订单展开一系列业务。

第一节 外贸接单

开展外贸业务的首要任务是找到海外客户，落实订单。没有订单，就谈不上跟单。外贸业务人员在寻找订单的过程中有大量工作需要开展，比如需要知道开发客户的途径，与客户进行书面、电话、网络等方式的业务沟通，回复询盘、报价、给客户送样品、接待客户验厂、协助进行产品国际认证等。

这些工作的开展方法是多样化的，有的需要一步一步地并行开展，有的则需要交叉进行。这部分工作需要业务人员有清晰的逻辑、条理性的工作方法、百折不挠的工作态度。这部分工作最能体现业务人员的专业素养与职业精神，同时更是关系到企业各部门工作业绩的最关键的环节。

一、寻找海外客户

外贸业务人员寻找海外客户的途径非常多，具体如表1-1所示。

表1-1 寻找海外客户的途径

序号	途径类别	具体说明
1	参加各种展览会	在展览会中，来自各地的专业同行汇聚在一起，专业的供应商、客户、投资者彼此交流，不仅能促进合作、确定订单，还有利于调查市场，掌握行业最新发展动向。因此，参加国际贸易展览会是寻找客户、促进合作、拓销企业产品、扩大出口的重要途径。外贸业务人员在参加展览会前，一定要做好以下准备工作 （1）准备好个人名片、产品目录、企业介绍等资料 （2）熟悉产品知识，做好英语版的企业和产品资料
2	获取企业名录	（1）使用行业企业名录查找当地的进口商和潜在贸易伙伴。例如，美国每年都有大量有关企业名录的手册出版发行，外贸业务人员可通过这些企业名录寻找美国的潜在客户 （2）海关数据 （3）行业期刊（纸质、电子版）

（续表）

序号	途径类别	具体说明
2	获取企业名录	（4）展会供应商名录 （5）展会买家手册 （6）广泛利用互联网关键词查询来获取企业名录
3	通过国家机关和社会团体	当一个出口商难以找到进口商时，我国的贸易促进机构如商务部、商会、行业协会可能会提供帮助。在它们的网站上通常会有信息中心、信息资源名单、印刷的名录、光盘和数据，业务人员可从中获得一些进口商的名单
4	通过电子商务平台	外贸业务人员可将产品销售信息发布到网上。发布信息时，主题要清晰明了，关键字要准确，商品描述要详细，最好图文并茂地展示样品。这样可以更有效地吸引客户，获得客户的反馈，例如，阿里巴巴国际站、环球资源网
5	通过黄页	世界各国的很多企业都会在黄页上刊登企业信息，如果业务人员需要寻找特定目标市场的客户，在 Google 里输入"××国黄页"，一般就可以找到相关国家的黄页，然后，业务人员就可以在黄页上搜索自己要找的客户信息了
6	网络平台	使用关键词搜索获得潜在目标客户名录

二、写开发信

外贸业务人员得到潜在客户的联系方式以后，要主动出击联系客户，以争取贸易机会。外贸业务人员写给客户的第一封信称为开发信。

（一）开发信的写作要求

开发信的写作要求如表 1-2 所示。

表 1-2　开发信的写作要求

序号	要求类别	具体说明
1	简单	开发信的语言一定要简练，不要啰唆。如果开发信既冗长又用词深奥，客户可能会没有耐心读完
2	专业	在信中一定要表明你们是一家专业的公司，拥有专业的产品、销售及售后人员。开发信要写得简单并不是把自己的专业和基本的礼仪也省略，在信的末尾一定要附上自己详细的联系方式，包括姓名、职位、公司名、电话、传真、E-mail、网址和公司地址等信息，给对方留下专业、正规的印象

序号	要求类别	具体说明
3	恰当	恰当其实是最不容易的！买家总是希望和精通产品的人打交道，如果在写开发信时就错误百出，买家会认为你不是真正的生产厂家，或者对产品并不熟悉，很可能就"一去不回"。这也是在写开发信前了解客户背景和对客户进行分析的重要性所在。如果对客户一点都不了解，写出的开发信很可能就会言之无物
4	清晰	一定要充分利用电子邮件传递图片的优势，这样更能说明问题，同时也可以降低成本，图文并茂的效果会比单纯的喋喋不休更好。另外，发出信件之前，要仔细地检查一下，看有无拼写或语法错误，尽量避免给客户留下不良印象

（二）开发信的格式

开发信首先要说明获得客户联系方式的途径，以免唐突，如"有幸在××展会上得到您的名片""经同行介绍""在××网站上看到您的求购信息"等；接下来简要介绍一下自己的情况，包括公司规模、成立时间（国际贸易商青睐成立时间较早的企业，觉得信用度较高）、自身产品特别是主打产品的简介、对双方合作的诚意以及联系方式等。

需要注意的是，开发信应言之有物，凸显公司与产品的优势，提高吸引力，但也不宜太过详细，长篇大论。开发信的目的是引起客户的注意和兴趣，吸引客户与你联系。因此，写开发信时要有收有放，有所保留，具体情况待客户与你联系后再详谈。下面是一份开发信的范本，供读者参考。

【范本】开发信

开发信

Dear Mr. Steven Hans,

We got your name and E-mail address from your trade lead on www.×××.com that you are in the market for ball pens. We would like to introduce you our company and products to hope that we may build business cooperation in the future.

We are a factory specializing in the manufacture and export of ball pens for more than six years. We have profuse designs with high quality grade and expressly our prices are very competitive. You are welcome to visit our website http://www.×××.com which includes our company profile, history and something latest designs.

Should any of these items be of interest to you, please let us know. We will be happy to give you detailed information.

As a very active manufacturer we develop new designs nearly every month. If you have an interest in it, we will be glad to offer details to you.

Best regards,

Dafu Wong

· ·

> 业务人员应切记，开发信要自己写，而不要照抄书上或者网上固定的范文。雷同的文字只会让客户反感。况且产品种类不同，写法也不一样。如果销售的是工艺品、日用消费品或时尚产品等，不妨写得轻松活泼一些，而如果销售的是阀门，那么还是严谨专业一些比较好。

（三）开发信写作的注意事项

（1）业务人员在写开发信之前一定要弄清自己的产品是否正是客户需要的，以及客户的规模是怎样的。要结合自己的产品优势和特点，分析客户情况，确定自己的客户群。

> 发邮件要有针对性，哪怕一天只发十几封，甚至是几封，效果都要好过没有针对性地发上几百封。

（2）为表达诚意，开发信不宜千篇一律，应该根据客户的规模、国籍不同略做调整，在信件适当的地方自然地提一下客户的公司名字，暗示这封开发信是专门写给该公司的，而不是草率的广告。这些小技巧虽然不起眼，但颇能给客户以好感。

（3）少用主动语态，多用被动语态。尽量用被动语态写邮件，少出现"We""I"这种主语。因为很多外国企业注重客观性，用被动语态来说明或解释事实的情况比较多。

（4）开发信的正文中最好不要带网址和容易被拦截的关键词。随着反垃圾邮件系统的完善，邮件拦截的关键词库已经很庞大了，所以开发信里面少用"low price""price""free"等词汇。

相关链接

对外交流中常见的垃圾邮件关键词

在开发信的写作中，有一些英文关键词是常见的垃圾邮件关键词，从邮件中移除这些敏感的关键词是一个好的开始。当你开展邮件营销活动时，特别是发送给外国客户时，即使是自己的会员，如果包含这些关键词，也可能会被邮件系统过滤掉，或者不能进入正常收件箱。

关键词列表

首字母	关键词			
a	◆ acne	◆ adipex	◆ adult	◆ advertisement
	◆ advertising	◆ advicer	◆ allergies	◆ amazing new discovery
	◆ ambien	◆ as seen on tv	◆ asthma	◆ auto loan
	◆ auto loans			
b	◆ baccarrat	◆ bachelor	◆ beat stress	◆ be your own boss
	◆ bllogspot	◆ booker	◆ botox	◆ burn fat
	◆ buy now	◆ buy online		
c	◆ call anywhere	◆ came up a winner	◆ career opportunity	◆ career singles
	◆ carisoprodol	◆ casino	◆ casinos	◆ chat room
	◆ cialis	◆ click here	◆ click to play	◆ click to win
	◆ credit card	◆ cwas	◆ cyclen	◆ cycloben-zaprine
d	◆ dating	◆ day-trading	◆ debt free	◆ degree program
	◆ depression	◆ discreet meeting	◆ discreet meetings	◆ discreet ordering
	◆ doctor approved	◆ doctor prescribed		
e	◆ earn a college degree	◆ earn a degree	◆ earn big	◆ earn extra money
	◆ easy money	◆ eliminate your debt	◆ escorts	
f	◆ fast delivery	◆ find someone special	◆ find your match	◆ fioricet
	◆ fire your boss	◆ fountain of youth	◆ free cell phone	◆ free degree
	◆ free diploma	◆ free game	◆ free games	◆ free gas
	◆ free gift	◆ free list	◆ free listing	◆ free minutes

（续）

首字母	关键词			
f	◆ free money	◆ free of debt	◆ free offer	◆ free phone
	◆ free reading	◆ free readings	◆ free screen savers	◆ free screensavers
	◆ free net-shopping			
g	◆ get out of debt	◆ get results	◆ get results now	◆ get rich quick
	◆ get your reading	◆ great discounts		
h	◆ health products	◆ heartburn	◆ higher income	◆ home owner
	◆ home workers	◆ homeworkers	◆ hot deals	◆ housewife
	◆ housewives			
i	◆ incest ◆ insurance	◆ investment	◆ investor	◆ ionamin
j	◆ job search	◆ join now	◆ just released	
l	◆ levitra	◆ loose weight	◆ low interest	◆ low interest rate
	◆ low interest rates	◆ low prices		
m	◆ macinstruct	◆ mail list	◆ mailing list	◆ make a living
	◆ make money	◆ make money at home		◆ matchmaker
	◆ matchmaking	◆ medications	◆ meds	◆ meet new singles
	◆ meet singles	◆ meet someone special		◆ meridia
	◆ million dollars	◆ millions of dollars	◆ more income	◆ morgage
	◆ mortgage	◆ muscle relaxants		
n	◆ new product			
o	◆ oem	◆ oem software	◆ online	◆ online gambling
	◆ online-gambling			
p	◆ pain relief	◆ paxil	◆ pharmacy	◆ phendimetrazine
	◆ photos of singles	◆ phentermine	◆ pheromones	◆ pherimones
	◆ prescription	◆ platinum-celebs	◆ poker-chip	◆ poze
	◆ protect yourself	◆ privacy assured	◆ product for less	◆ products for less
	◆ psychic			
q	◆ quit smoking	◆ quit your job		
r	◆ recover your losses			

（续）

首字母	关键词			
s	◆ sale ◆ scratch-off ◆ sign up ◆ slot-machine ◆ substantial income	◆ save ◆ searching for you ◆ sign up now ◆ soma ◆ super deal	◆ scratch and win ◆ sell now ◆ signup ◆ stock quotes ◆ super deals	◆ scratch off ◆ sexual health ◆ sleeping disorders ◆ stop paying
t	◆ taboo ◆ teen ◆ tramadol ◆ tripplex	◆ take a survey ◆ teenage ◆ trim-spa	◆ take surveys ◆ teens ◆ triple-x	◆ tarot ◆ tenuate ◆ tripple x
u	◆ ultram	◆ university diploma		
v	◆ venture capitol	◆ viagara	◆ viagra	◆ vioxx
w	◆ web cam ◆ winning number	◆ weight reduction ◆ work at home	◆ win now ◆ worry free	◆ winner confirmation ◆ worry-free
x	◆ x rated ◆ x x x	◆ xanax ◆ xenical	◆ x-rated	
y	◆ you have won	◆ you won	◆ You're a winner	
z	◆ zero percent	◆ zolus		

（四）开发信的发送与跟踪

（1）发送开发信时最好计算好我国与客户所在地的时差，在客户上班或即将上班的时候发给客户，这样客户读到开发信并回复的概率会大大提高。

（2）对发过开发信的客户信息一定要记录、整理，对读取邮件并回复的客户实行重点跟进，对没有回复开发信的客户要了解清楚没有回复的原因。

（3）开发信不仅要发送，还要定期跟踪，如果客户有回复，根据其回复继续跟踪，如果客户没有反馈，则需要业务人员思考与分析，选择放弃或者继续，如果选择继续，则需要保持至少两周一次更换交流内容的跟踪，继续与客户保持持续的邮件交流。

在开发信发出后，不断地跟踪客户也很重要。即使客户现在没有购买意向，但是因为你经常与其交流，客户会对你有很深的印象，一旦他有购买同类产品的需求，便会第一时间想到你。就算客户没有意向购买，他也会将你和你的产品推荐给他的朋友。

三、回复客户询盘

（一）接到询盘

接到询盘分为两种情况，具体如表1-3所示。

表1-3　接到询盘情况

序号	情况类别	具体说明
1	内容空泛的询盘	业务人员接到询盘时，如果发现询盘是很空泛的内容，应按照以下步骤处理： （1）查看对方的公司： ①看一下其网站，了解其经营什么产品 ②对公司背景做调查分析 ③了解其经营的方式 （2）让客户提供所需产品的详细信息，并且向客户说明不同规格的产品价格是不一样的，引导客户浏览本公司网站上的产品 （3）根据客户选择的产品，详细介绍相关信息，如规格、特点、价格等，让客户确认是否需要
2	内容详细的询盘	如果接到一个内容很详细的询盘，业务人员应按照以下步骤处理： （1）查看对方背景资料 （2）制作针对性报价单，内容涵盖客户所需产品的详细规格，比客户询盘更详细（没有报价），而且可以将其中一项参数稍做改动（一定不能是最重要的一项），使其与客户所需稍有不同，并用有颜色的字体展示出来 （3）在邮件中询问客户：我们可以提供的产品与你的要求稍有不同，如果认为可以，将进一步提供详细信息。通常，客户一定会回信

（二）跟踪

一般来说，对内容详细的询盘回复客户都会回信，并索取报价。这时候，就应该给客户一份详细的报价了。

四、报价

外贸业务有自己独特的报价方式，术语叫发盘（Offer）。一个正式的外贸报价，不仅应有完整的价格术语表达式（FOB、CIF、CFR 等），还应包括品名、数量等，特别是要加上报价有效时间。因为国际市场变化大，价格常常要随行就市做调整。此外，规定有效时间还可以起到促使客户早日下单的作用，其潜台词就是"这个价格很便宜，要买就赶快，过几天可能就不是这个价了"。这种正式的报价称为实盘（firm offer），如果客户在报价规定的有效期内回复接受，出价方就不可再做更改了。

（一）报价的基本要求

报价一定要有针对性，初步报价应比较贴近行业价格，但又要有回旋的余地。报价不能太慢，半个月后才报价，客户可能早就找到卖方了。此外，还要做到报价准确。

要做到报价准确有两个方法：一是经常了解同行的价格；二是经常与工厂技术人员交流，了解自己产品的生产流程与成本情况，做到心中有底，这样在与客户交流时会更专业和从容。

（二）报价前与客户的沟通

每个公司都有自己的一套报价体系，可是有时候客户也会提供自己的"报价单"。值得一提的是，一份完整的报价单除了包括产品图片、货号、货物描述、单价、出货港口、单个产品包装、装箱率、外箱用料、毛重、净重等项目外，还要与客户沟通一些其他的细节问题。

（1）产品是否需要做客户指定测试？测试费用谁来承担？如果测试费用由工厂承担，要向客户索要测试费用明细，了解一款产品大致需要多少测试费？很多客户会承担测试费用，但也有些客户不承担这部分费用，所以，报价前一定要与客户确认是否包含此费用？

（2）是否需要为产品购买保险？保险费用由谁承担？

（3）付款方式若是信用证 ×× 天，也要将银行利率这部分算在报价成本内。

（4）产品的包装：这里所说的包装不是指多少产品装一个内箱，然后几个内箱装一个外箱的意思，而是指单个产品包装。

> 有些客户会自己提供产品包装，因为其有自己合作的印刷厂，这时的报价就可以减去这部分成本。有些客户需本公司工厂来承担产品包装的费用，若是这样，报价时就应该加上这部分成本。

（5）有些报价要附上产品进口商关税代码，相关人员如有疑问可以写邮件询问客户，填写的税率一定要准确，否则可能要承担由此造成的损失。

（6）向客户确认大概的订单量，将以上所产生的费用平均到产品成本中。

（三）价格核算

报价通常使用 FOB（离岸价）、CFR（成本加运费）、CIF（成本加保险费加运费）三种价格。对外报价核算时，应按照以下步骤进行：明确价格构成，确定价格构成，确定成本、费用和利润的计算依据，然后将各部分合理汇总。以下用实例说明三种价格的对外报价核算。

案例

三种价格的对外报价核算

背景材料：

A 贸易公司某年收到 B 公司求购 6 000 双牛皮面料、腰高 6 英寸（1 英寸 =2.54 厘米，下同）女靴的询盘，经了解每双女靴的进货成本为人民币 90 元（含增值税 13%），进货总价 90×6 000=540 000（元）；出口包装费每双 3 元，国内运杂费共计 12 000 元，出口商检费 350 元，报关费 150 元，港区港杂费 900 元，其他各种费用共计 1 500 元。A 公司向银行贷款的年利率为 8%，预计垫款两个月，银行手续费率为 0.5%（按成交价计），出口女靴的退税率为 13%。海运费：大连—都柏林，一个 40 英尺①集装箱的包箱费率是 3 800 美元，客户要求按成交价的 110% 投保，保险费率为 0.85%，并在价格中包括 3% 佣金。若

---

① 1 英尺等于 0.3048 米，余同。

（续）

A 公司的预期利润为成交金额的 10%，人民币兑美元的汇率为 7.11 : 1，试报每双女靴的 FOB、CFR、CIF 价格。

第一步，核算成本。

实际成本 = 进货成本 − 退税金额 [退税金额 = 进货成本 ÷（1+ 增值税率）× 退税率]

$\qquad$ =90−90÷（1+13%）×13%=79.646（元 / 双）

第二步，核算费用。

（1）国内费用 = 包装费 +（运杂费 + 商检费 + 报关费 + 港区港杂费 + 其他费用）+ 进货总价 ×（贷款利率 ÷12）× 贷款月份

$\qquad$ =3×6 000+（12 000+350+150+900+1 500）+540 000×（8%÷12）×2

$\qquad$ =18 000+14 900+7 200=40 100（元）

单位货物所摊费用 =40 100（元）÷6 000（双）=6.683（元 / 双）（注：贷款利息通常以进货成本为基础）

（2）银行手续费 = 报价 ×0.5%

（3）客户佣金 = 报价 ×3%

（4）出口运费 =3 800÷6 000×7.11=4.503（元 / 双）

（5）出口保险费 = 报价 ×110%×0.85%

第三步，核算利润。

利润 = 报价 ×10%

第四步，三种价格的报价核算。

（1）FOB C3 报价的核算：

FOB C3 报价 = 实际成本 + 国内费用 + 客户佣金 + 银行手续费 + 预期利润

$\qquad$ =79.646+6.683+FOB C3 报价 ×3%+FOB C3 报价 ×0.5%+

$\qquad$ FOB C3 报价 ×10%

$\qquad$ =86.329+FOB C3 报价 ×13.5%

等式两边移项得：

FOB C3 报价 −FOB C3 报价 ×13.5%=86.329

FOB C3 报价（1−13.5%）=86.329

FOB C3 报价 =86.329÷（1−13.5%）

FOB C3 报价 =99.8023（元）

（续）

折成美元：FOB C3=99.8023÷7.11=14.04（美元）

（2）CFR C3 报价的核算：

CFR C3 报价 = 实际成本 + 国内费用 + 出口运费 + 客户佣金 + 银行手续费 + 预期利润

$\qquad$ =79.646+6.683+4.503+CFR C3 报价 ×3%+CFR C3 报价 ×0.5%+

$\qquad$ CFR C3 报价 ×10%

$\qquad$ =90.832+CFR C3 报价（3%+0.5%+10%）

$\qquad$ =90.832+CFR C3 报价 ×13.5%

等式两边移项并计算得：

CFR C3 报价 −CFR C3 报价 ×13.5%=90.832

CFR C3 报价 ×（1−13.5%）=90.832

CFR C3 报价 =90.832÷（1−13.5%）

CFR C3 报价 =105.0081（元）

折成美元：CFR C3=105.0081÷7.11=14.77（美元）

（3）CIF C3 报价的核算：

CIF C3 报价 = 实际成本 + 国内费用 + 出口运费 + 客户佣金 + 银行手续费 +

$\qquad$ 出口保险费 + 预期利润

CIF C3 报价 =79.646+6.683+4.503+CIF C3 报价 ×3%+CIF C3 报价 ×0.5%+

$\qquad$ CIF C3 报价 ×110%×0.85%+CIF C3 报价 ×10%

$\qquad$ =90.832+CIF C3 报价 ×（3%+0.5%+110%×0.85%+10%）

$\qquad$ =90.832+CIF C3 报价 ×0.14435

等式两边移项得：

CIF C3 报价 −CIF C3 报价 ×0.14435=90.832

CIF C3 报价 =90.832÷（1−0.14435）=106.1556（元）

折成美元：CIF C3=106.1556÷7.11=14.93（美元）

第五步，三种价格对外报价。

（1）USD14.04/pair FOB C3 Dalian（每双 14.04 美元，包括 3% 佣金，大连港船上交货。）

（2）USD14.77/pair CFR C3 Dublin（每双 14.77 美元，成本加运费至都柏林。）

（续）

（3）USD14.93/pair CIF C3 Dublin（每双 14.93 美元，包括 3% 佣金，成本加保险费加运费至都柏林。）

（四）制作报价单

1. 采用 PDF 文档

外贸业务人员在制作报价单时一定要考虑发给客户的文档格式，有的人习惯在邮件中附上 Excel 或 Word 文档的报价单，结果发出之后常常没有回音。

不少病毒伪装成 Excel 和 Word 文档在邮件中出现，因此欧美大部分公司都采用了垃圾邮件过滤系统，只要是邮件中出现 Excel 和 Word 文档附件，就统统删除。

解决这个问题的最好办法就是将文件制作成 PDF 文档。目前还没有病毒能伪装成 PDF 文件或在 PDF 文件中"寄生"。业务人员把报价单制作成 PDF 文档之后在邮件中发送，客户的邮件系统就不会将邮件误判成垃圾邮件或病毒邮件，邮件就可以顺利进入客户的邮箱。

2. 报价单样式

每个公司、每个产品的报价单都有所不同，但内容基本一样。下面提供一份报价单范本，供读者参考。

【范本】报价单

报价单（PriceList）

报价日期：_____年____月____日

Supplier （供应商）		Address （公司地址）	
Contact （联系人名称）		Approvals （产品认证）	
Tel （电话号码）		Fax （传真号码）	
Messenger （即时通信）	MSN：　　　　　　QQ：　　　　　　　　　Skype：		
E-mail （邮箱地址）		Website （公司网址）	

（续）

Item No. （货号）	Description Materials, approvals, technical parameters, etc. （产品描述包括产品材料、认证技术参数等）	Product's Photo （产品图片）	Specification L×W×H, Dia. （长、宽、高、直径等）	FOB Zhongshan USD （美元离岸价）	QTY./ CTN PCS （每箱个数）	CTN's Measure L×W×H （cm） （外箱尺寸）	N.W. （kg） （产品净重）	G.W. （kg） （产品毛重）

Remarks （备注）：	
1. Payment terms （付款方式）	
2. Single package's type，materials and size （单个包装的方式、材料及尺寸）	
3. Inner package's type，materials and size （内包装的方式、材料及尺寸）	
4. CTNs/20'，QTY./20' （每个20英尺柜中的箱数和产品个数）	
5. CTNs/40'，QTY./40' （每个40英尺柜中的箱数和产品个数）	
6. Delivery time （交货期）	
7. Others （其他条款）	

相关链接

如何应对客户的讨价还价

几乎每一次报价客户都会说高，业务新手在对产品不是很熟悉的时候，常常被动地马上降价，虽然会说明理由，如"很期望与您合作""我们很重视您并且愿意与您合作"……但这样轻易降价之后，客户会认为你的产品价格虚高，还有降价空间，会因此失去很多客户，所以，一定不要轻言降价。如果要降价，就必须做到以下几点：

（1）每一份报价都要经过仔细核算，不要报得太离谱；

（2）每一份报价单都要完整，有公司的抬头等，这样客户会认为我们很认真，不要直接在邮件里给出价格，这样客户不方便保存，也不易查阅；

（3）每一份报价单都包含相关产品完整的规格；

（4）每一份报价单都要有期限，可以设定为一个月或两个月。

不轻言降价的前提是熟悉自己的产品，熟悉每一个生产环节的成本组成。了解了这些，就知道了价格底线是什么，就不会盲目报出超高价格。而价格一旦报出，就不要轻言降价。

（五）发送报价单后及时通知

在确认报价单准确无误后，可以通过 E-mail、QQ 或微信及时发送给客户。如果客户规定了发送方式与时间，就按客户要求进行。在报价单发送后，一定要及时通知客户接收，并告诉对方在有效期限内做出回应。

（六）报价单一定要留底

价格报出去了，自己一定要留底，业务人员可以设计一份表格来管理所有的报价，表格名称可按客户名来分类。这样当客户在未来的某个日期来函要求对价格进行调整时，就能及时查看当时的报价，了解当时报价的基础，再根据现时情况进行必要的调整。报价单管理表如表 1-4 所示。

表 1-4 报价单管理表

客户名称：   报价日期：_____年___月___日

客户要求的产品型号（规格）				
证书要求		报价数量		
结算方式		报价价格		
报价的计算				
成本项目			计算方式	金额
国内费用	原材料费用			
	包装费			
	运杂费			
	商检费			
	报关费			
	港区港杂费			
	其他费用			
	银行贷款利息			
	银行手续费			
	客户佣金			
	出口运费			
	出口保险费			
备注				

五、寄样

客户在确定下单之后，一般会先请卖方提供样品以供查看、检验。

（一）寄样方式

寄样方式一般应选择快递，可以通过顺丰快递、中国邮政 EMS 等国内知名快递公司或国际快递公司寄样。当然，如果样品重量或体积比较大，也可以选择空运。一般来说，快递和空运都是通过飞机运输送达目的地，但是快递是门到门服务，操作简单，一般只需向快递公司提供发票；空运则较为复杂，要托运、报关，而且空运通常只发货到对方的临近机场。

（二）送样方法

1. 发送工厂现有产品

有些客户看到满意的产品，便直接按所寄目录上的型号、款式要求工厂送样、报价。报价一般需由经理级别以上的人员核准以后，才能发送给客户。客户确认后，需填写"样品订单"，待样品制作好经质管部检验合格后，则以客户需求时间的紧急与否，选择快递方式或普通方式发出。

2. 开发的新产品

有些客户需要为其开发新的产品，这时业务人员则需要事先核算所需模具的费用，再向客户报价。报价时应考虑正式订单的数量，若超过一定数量，模具费可以分摊在货款中，即客户在订单超过一定的数量后可收回已预交的模具费。

（1）业务人员应将每件样品的单价传真给客户，客户同意并签章确认之后，须通知研发部门安排"模具开发日程表"。

（2）业务人员应追踪新模具开发的进度，同时研发部门应制作"物料清单"（BOM）并进行评审。在这些工作完成后，向生产部（有些企业是工程部）下"样品订单"。完成的样品须经质管部检验合格后，才能发送给客户进行评审与验收。新开发的样品一经客户确认后，至少需保留一件样品并进行封样，以便作为日后批量出货订单的依据。

> 开发新款式时应将客户关于样品的要求资料传真件转送研发部门，通常由研发部门与模具制作部门、采购部门共同核算所需模具费用。对于客户同意的确认单据须由客户盖章签名后生效并使用。

（三）寄样前的工作

在准备寄样前，业务人员应准备好发票或者样品订单（Sample Order）给客户确认，而后再进行样品发送。

（四）寄样后及时确认

（1）当样品寄出之后，业务人员应用邮件或电话第一时间通知客户发样信息，最好将快递单扫描给客户，告知大概何时到达，请客户收到样品后确认。在估计客户收到样品后，应给客户发传真或电子邮件，请客户确认是否收到样品，同时应将样品寄送情况登记在"样品寄送记录表"中。"样品寄送记录表"如表1-5所示。

表1-5　样品寄送记录表

序号	日期	客户	寄送样品名	数量	寄送单号	预计到货时间	客户确认到货时间	备注

（2）及时了解客户对样品的评估情况，从客户那里了解其对产品的具体评价，无论其对产品满意与否。

> 不管样品在短期内是否能带来订单，都要与客户建立稳定的联系，并适时地推荐新产品，发出新的报价单。

（五）样品费和快递费的处理

样品费和快递费可以做以下处理。

（1）对于新客户，若样品货值比较低，免收样品费，快递费到付；若样品货值比较高，要收取样品费，快递费也到付。如果觉得客户的诚意不是很大，在样品货值低的情况下也可以适当收取一些样品费。

（2）对于资信较好的老客户，样品费和快递费都可以预付。

（3）新客户如果要求免样品费，可以委婉地告诉他，收取样品费是公司的规定，如果下单，这些费用将在付款时抵扣。

（4）如果客户已经下了订单，再要求寄产前样或大货样，运费一般由出口商承担。如果选择到付，要以客户的书面确认（E-mail 或传真）为准，否则会有客户拒付的风险。

六、接待客户验厂

如果客户要验厂，一般就说明他对你的产品已经很感兴趣了，很希望与你合作。客户在验厂后下单的概率是很大的，因此业务人员要认真对待。

（一）准备工作

业务人员在接待客户验厂时，需要做好以下准备工作。

（1）事先了解清楚客户来访的日程安排、来访人员、来访议题等。

（2）提前通知客户将派车去其指定地点接客户（如机场、码头、酒店等）。根据来访客户级别、人数及所带行李做相应接待安排。

（3）整理好与客户的函电往来内容、邮件记录，特别是一些表格、单据、文件等，最好将其整理在一个文件夹中或是先打印出来。

（4）准备好会议室、茶水、咖啡、名片、相机、录音设备、投影仪、公司及产品宣传资料、网站；做好公司办公区域、生产厂区、样品展示间的 5S 管理（根据需要也可准备鲜花、水果）。

（5）合理安排会谈的人员，如总经理、部门经理、主管等同客户来访议题有关的人员。

（6）了解客户手机号码或房间分机号码，客户所在的国家、地区及饮食习惯、生意习惯和宗教习俗。

（二）客户接待

在客户来了之后，业务人员一定要做好客户的接待工作：

（1）互换名片；

（2）安排座位、饮品；

（3）提供公司网站及其他推广资料，播放公司介绍、产品介绍幻灯片；

（4）就相关业务资料、产品样品进行面洽，向客户介绍公司运营、工厂生产及产品研发情况，带客户参观公司主要部门并做简要介绍，合影留念；

（5）会议后，根据客户行程情况安排就餐及送客户到酒店或其指定的其他地点。

> 如果客户在酒店下榻，就要预计从公司到酒店所需时间，同时通知司机详细的酒店地址及联系人电话，以便及时接送客户。

（三）看厂

（1）在看厂之前，业务人员要准备好包、名片、纸巾、手机、数码相机、纸、笔、零钱等。

（2）业务人员应记好厂方相关负责人（外贸人员、工程技术人员、司机等）的联系电话、公司名称、工厂地址等资料并打印出来。

（3）业务人员与外商合影最好选择合适的时间和有代表性的场所，如在商贸部办公室里客户正坐在电脑旁进行操作时，客户正坐在办公室里与商务中心人员洽谈时，以及在公司前台处或者公司标志性的地点进行合影留念。

> 在工厂里面拍照的时候，要尽量避免拍摄工厂样品架上的样品，除非已经征得厂方的同意。

（4）业务人员陪同客户验厂时，要注意让其了解以下内容：工厂是否有这种产品的生产线、生产经验和生产能力；工厂产品样品检测过程的观摩，产品获得的认证；产品的性价比；必要时，工程技术人员可在一旁对样品进行现场检测，打印出产品检测的技术参数，并加以解释；样品的外表美观程度和内部构造及部件的质量；工厂的模具开发能力；交货的及时性；工厂的规模；工厂的生产经验及历史；产品的 OEM 加工；单个包装及内外包装方式；货柜的装货数量。

（5）业务人员在与客户告别时，要对其行程表达谢意，表示愿意继续提供相关帮助和服务（如预订房间和机票、兑换外汇、叫出租车等）并建立长期合作关系，欢迎其下次来访。另外，业务人员可顺便探问其之后的行程，并估计其到达目的地的时间，适时加以联系与问候，并将合影发到其邮箱中。

通过初次的见面，一般来说，客户会对公司及其服务有了大致的分解，下一步就是跟紧客户的询盘、订单意向或订单事宜了。

陪同客户验厂回来后业务人员需要及时整理整个行程的经历、思绪和感想，配上一些合影，及时整理出一篇报道，发布到公司网站上，加以推广。此外，业务人员要整理费用单据找直属上司、部门经理、部门总经理、财务部办理报销事宜并等待出纳通知领取报销款。

七、及时跟进确认，促成交易

在寄样、陪同客户验厂等工作完成后，业务人员一定要及时跟进客户，以加深客户的印象，尽量促成交易。

（一）跟进时应询问哪些事项

业务人员应及时与客户取得联系，询问其对本公司的评价，表达对客户的重视，体现外贸的专业精神。无论客户的评价满意与否，都要得到其对公司，尤其是对产品的具体评价及看法。

（二）如何及时处理客户反馈

在客户验厂后，客户会根据验厂时的所见所闻发回反馈意见。对于客户的反馈意见，业务人员要及时处理。

（1）如果客户给出的意见较好，业务人员应及时沟通，并询问是否可以考虑进一步的合作，通过旁敲侧击促成订单的下达。

（2）如果客户意见不太好，或指出了不满意的地方，业务人员一定要尽量解释清楚，以求得其理解。当然，如果本次合作不成功并不意味着以后没有合作的可能，必须与客户保持联系和沟通，为日后的成功打下基础。

（3）如果客户提出了具体的改善意见，业务人员一定要表示会立即整改，并表达希望再次验厂的意愿，以促成合作。

下面提供一些陪客户验厂时的常用英语和常见对话案例，供读者参考。

【范本】陪客户验厂时的常用英语

陪客户验厂时的常用英语

跟单员在陪同客户验厂时不可避免地要与客户交谈，以下介绍一些常用的交谈用语。

一、常用英语句子

1. I will give you a complete picture of our operation.

    我会让您完全了解我们厂的运作情况。

2. Let me take you around the factory .

    让我带您到工厂四周看看。

3. We are running a little short on time, so...

    我们的时间有限，因此……

4. I hope the noise isn't bothering you .

    希望噪声不会打扰您。

5. You need this for security.

    您需要使用这个，以保证安全。

6. At present, there are 968 workers at the manufacturing plant.

    目前，制造厂有968名员工。

7. Watch your step.

    请注意脚下。

8. I'm not familiar with that point. Let me call someone who is more knowledgeable.

    关于那一点我不太熟悉。让我打电话给比较了解情况的人。

9. It's very important not to touch the machinery.

    请不要触摸机器。

10. Please come this way.

    请这边走。

11. Our company deals in a wide range of related products.

    本公司经营一系列相关产品。

12. How big is your company?

    贵公司的规模有多大？

13. What is your market share?

贵公司的市场占有率是多少?

14. I'm not familiar with that part.

那一部分我不熟悉。

15. Well, shall we have a break? You must be tired after having seen all of our plants at once.

好了,我们是不是应该休息一下呢? 一下子参观完我们全部的工厂,您一定累了。

16. I hope you don't mind having Chinese food for lunch.

希望您不介意午餐吃中国菜。

17. We still have plenty of time. So if there's some place you'd like to stop by, please don't hesitate to ask.

我们还有很多时间,所以如果您想在哪里逗留一下,请提出来。

18. Are all these available now?

这些产品有现货吗?

19. Can you give me some samples?

您可不可以给我一些样品?

20. If you decide to use our products, I'm sure you won't be disappointed.

如果您决定使用我们的产品,我保证您不会失望的。

21. That's it. Is there anything else you'd like to see?

就这些,您还有别的想看的吗?

22. Let's go up to my office and discuss more ...

我们上楼到办公室去进一步讨论……

23. What did you think of our factory?

您觉得我们的工厂怎么样?

24. What's your overall impression?

您总的印象如何?

25. I'm very favorably impressed.

我的印象很好。

26. This completes our schedule for today. I understand they have our car already wait.

今天的活动安排已结束,我想我们的车已在等候。

二、陪同客户参观时常见对话

对话 1:

Henry: I'll show you around and explain the operation as we go along.

Tim: That'll be most helpful.

Henry: That is our office block. We have all the administrative departments there. Over there is the research and development section.

Tim: How much do you spend on development every year?

Henry: About 3%~4% of the gross sales.

Tim: What's that building opposite us?

Henry: That's the warehouse. We keep a stock of the faster moving items so that urgent orders can be met quickly from stock.

Tim: If I place an order now how long would it be before I got delivery?

Henry: It would largely depend on the size of the order and the items you want.

Henry: 我陪你到各处看看，边走边讲解生产操作。

Tim: 那太好了。

Henry: 那是我们的办公大楼。我们所有的行政部门都在那里。那边是研发部。

Tim: 你们每年在科研上花多少钱？

Henry: 大约是总销售额的 3% 到 4%。

Tim: 对面那座建筑是什么？

Henry: 那是仓库，存放周转快的货物，这样对于紧急的订单，就可以立刻交现货。

Tim: 如果我现在订购，多长时间能交货？

Henry: 那主要得依据订单大小以及您需要的产品而定。

对话 2:

Tim: How large is the plant?

Henry: It covers an area of 75,000 square meters.

Tim: It's much larger than I expected. When was the plant set up?

Henry: In the early 90s. We'll soon be celebrating the 30th anniversary.

Tim: Congratulations!

Henry: Thank you.

Tim: How many employees do you have in this plant?

Henry: 500. We're running on three shifts.

Tim: Does the plant work with everything from the raw material to the finished product?

Henry: Our associates specializing in these fields make some accessories. Well, here we're at the production shop. Shall we start with the assembly line?

Tim: That's fine.

Tim：这个工厂有多大？

Henry：面积有 75 000 平方米。

Tim：比我想象的要大多了。什么时候建厂的？

Henry：20 世纪 90 年代初期。我们很快要庆祝建厂 30 周年了。

Tim：祝贺你们。

Henry：谢谢。

Tim：这个工厂有多少员工？

Henry：500 个，我们是三班制。

Tim：从原料到成品都是工厂自己生产吗？

Henry：有些零配件是我们的联营单位生产的，他们是专门从事这一行的。好了，我们到生产车间了。咱们从装配线开始看，好吗？

Tim：好的。

对话 3：

Henry: Put on the helmet, please.

Tim: Do we need to put on the jackets too?

Henry: You'd better to protect your clothes. Now please watch your step.

Tim: Thank you. Is the production line fully automated?

Henry: Well, not fully automated.

Tim: I see. How do you control the quality?

Henry: All products have to go through six checks in the whole manufacturing process.

Tim: What's the monthly output?

Henry: One thousand units per month now. But we'll be making 1,200 units beginning with October.

Tim: What's your usual percentage of rejects?

Henry: About 2% in normal operations.

Tim: That's wonderful. Is that where the finished products come off?

Henry: Yes. Shall we take a break now?

Henry：请戴上安全帽。

Tim：我们还得穿上罩衣吗？

Henry：最好穿上，以免弄脏您的衣服。请留神脚下。

Tim：谢谢。生产线都是全自动的吗？

Henry：哦，不是全部自动的。

Tim：哦，那你们如何控制质量呢？

Henry：所有产品在整个生产过程中都必须通过六道质量检查关。

Tim：月产量多少？

Henry：目前每月 1 000 套，但从十月开始每月将达到 1 200 套。

Tim：每月不合格率通常是多少？

Henry：正常情况下为 2% 左右。

Tim：那太了不起了。成品从那边出来吗？

Henry：是的，现在我们稍微休息一下吧。

对话 4：

Tim: It was very kind of you to give me a tour of the place. It gave me a good idea of your product range.

Henry: It's a pleasure to show our factory to our customers. What's your general impression, may I ask?

Tim: Very impressive indeed, especially the speed of your AT Model.

Henry: That's our latest development. A product with high performance. We put it on the market just two months ago.

Tim: The machine gives you an edge over your competitors, I guess.

Henry: Certainly. No one can match us as far as speed is concerned.

Tim: Could you give me some brochures for that machine? And the price if possible.

Henry: Right. Here is our sales catalog and literature.

Tim: Thank you. I think we may be able to work together in the future.

Tim：谢谢你们陪同我看了整个工厂。这次参观使我对你们的产品范围有了一个很好的了解。

Henry：带我们的客户来参观工厂是我们的荣幸。不知道您总体印象如何？

Tim：非常好，尤其是你们的 AT 型机器的速度。

Henry：那是我们新开发的产品，性能很好，两个月前刚投放市场。

Tim：和你们的竞争对手相比，我想这机器让你们多了一个优势。

Henry：当然。就速度而言，目前没有厂家能和我们相比。

Tim：能给我一些那种机器配套的小册子吗？如有可能，还有价格。

Henry：好的。这是我们的销售目录和说明书。

Tim：谢谢。我想也许将来我们可以合作。

第二节　签订国际贸易合同

经过前一阶段的磋商，或者是客户亲自验厂，客户也许有下单意向了。这时，外贸业务人员一定要跟紧工作进度，在适当时机发出函件，促使客户下单。在国际贸易中，一般要用成交确认书等书面形式对贸易双方的权利、义务及各项交易条件做出明文规定，以便于检查执行。

一、国际贸易合同的订立形式

由于合同是具有法律约束力的，所以在订立合同之前，外贸业务人员最好先了解一下相关法律知识或者咨询有经验的律师。

在签订合同之前，外贸业务人员需根据不同的业务需要，选择不同的合同订立形式。合同订立形式可以分为口头形式、书面形式、公证形式、鉴证形式、批准形式、登记形式。国际货物买卖合同一般金额大，内容繁杂，有效期长，因此许多国家的法律要求采用书面形式。

常见的书面形式的合同有正式合同（Contract）、确认书（Confirmation）、协议（书）（Agreement）、备忘录（Memorandum）、订单（Order）、委托订购单（Indent）等。目前，我国的外贸企业主要使用正式合同和确认书两种，它们分别适应不同的需要而被采用。虽然二者在格式、条款项目和内容的繁简上有所不同，但在法律上具有同等效力，对买卖双方均有约束力。

（一）正式合同

外贸业务人员在签订正式合同时，不仅要对商品的质量、数量、包装、价格、保险、运输及支付加以明确规定，还要对检验条款、不可抗力条款、仲裁条款详尽列明，明确地划分双方的权利和义务。为了明确责任避免争议，合同内容应该全面详细，对双方的权利、义务以及发生争议的处理均有详细规定，应使用第三人称语气。根据合同起草人的不同，合同分为售货合同（Sales Contract）和购货合同（Purchase Contract），前者由卖方起草，后者由买方起草。一般各公司会以固定格式印刷（有的制成表格）正式合同，在业务成交前由业务人员按双方谈定的交易条件逐项填写并经授权人授权签字，然后寄交对方审核签字。合同一般为一式两份，一份供对方留存，一份经对方签字认可后寄回。

（二）确认书

确认书是一种简易合同。它在格式上与正式合同有所不同，条款也相对简单，主要是就交易中的一般性问题做出规定，而对双方的权利、义务规定得不是很详细。此种合同订立形式主要用于成交金额相对较小或者是已经订有代理、包销等长期协议的交易。

根据起草人的不同，确认书分为售货确认书（Sales Confirmation）和购货确认书（Purchase Confirmation）。如果双方建立业务关系时已经订有一般交易条件，对洽谈内容较复杂的交易，往往先签订一份初步协议（Premium Agreement），或先签订备忘录，把双方已商定的条件确定下来，其余条件以后再行洽商。在这种情况下，外贸企业可采用确认书的方式，将已签协议作为该确认书的一个附件。现在使用的简式确认书大多不包括仲裁、不可抗力、异议索赔条款等，在意外发生时易造成纠纷，因此建议补加此类条款。

二、国际贸易合同的内容

一份完整的国际贸易合同，其基本内容可以分为三个部分：约首、基本条款和约尾。

（一）约首

约首包括合同名称、编号、订立日期、地点以及订立双方的名称、地址、电话等信息，其作用是明确合同的当事人和合同包括的内容。

（1）合同名称。合同名称也就是合同的标题，一般采用销售合同或销售确认书的名称，其中销售合同多被一些经营大宗商品的企业所采用。

（2）合同编号。凡是书面合同都应该有一个编号。因为在履约过程中，无论是在传真、信函、电子邮件等联系过程中，还是在开具信用证、制单、托运，乃至刷制运输标识等流程中，都要引用合同编号。

（3）签约的时间。一般应尽可能在成交的当天签约，即尽可能做到成交日期与签约日期相同。除非合同中对合同生效的时间另有不同的规定，否则应以签约的时间为合同生效的时间。

（4）签约的地点。在我国外贸出口企业所使用的"销售合同"中，往往都列明了"签约地点"，但"销售确认书"中一般不列"签约地点"这一项目。实际上，当在履约过程中发生争议时，签约地点往往关系到该合同适用何国法律的问题。根据国际司法的法律冲突规则，如果合同中对该合同所应适用的法律没有做出明确的规定，在发生法律冲突时，一般应由合同的成立地的法律来确定，这时，签约地点的法律则成为合同履行的依据。所以，签约地点还是不要漏填为好。

（5）双方当事人的名称、地址、营业所在地及其电话、电子邮箱地址等。正确列明这一点，不但能够确定双方的责任和便于卖方查对信用证、正确制单、发运及联系，而且也能明确双方的债务承担情况。在发生诉讼时，由于企业的法律地位不同，出资者对企业的债务承担也不一样。例如，当具有法人地位的股份有限公司破产时，该公司的股东对公司的债务承担仅以其出资为限，除出资之外，不承担进一步的个人责任；而不具有法人地位的合伙企业一旦破产，普通合伙人就必须对企业的债务承担无限责任，即以个人所有的全部财产清偿企业的债务。所以列明双方当事人的名称，确定其法律地位十分重要。

如果有代理人或中间商介入，由于洽谈交易的对方并非实际买方，这时往往会导致合同的当事人是与己方直接洽谈交易的代理人或中间商。在这种情况下，如果代理人或中间商要求以"委托人"（实际买方）为抬头拟制合同，不仅应在约首中注明实际买方（委托人）的名称、地址，也应注明代理人或中间商的名称、地址（如：通过 ×× 成交）。特别是若能在合同中列明代理人应负履约责任的若干规定，将会促使代理人更加认真地对待合同的订立和履行。

如果书面合同签订的依据是来往函电，就应在约首中准确无误地列明双方来往的一切函电。当然，若双方来往的函电较多，也可择其重要的列明。如果是通过口头谈判达成的交易，则可注明双方出席的人数、时间、地点，如"×× 公司（卖方）的林 ×× 经理和杨 ×× 先生等经与 ×× 公司（买方）的威廉·汤普逊先生、史密斯先生等于 2020 年 10 月 18 日在中国 ×× 交易会上的口头谈判决定……"。如果既有函电做依据，又有口头谈判加以确认，则两者均须列明，除非双方约定以前的往来函电无效。

（二）基本条款

1.品质条款

不同种类的商品，有不同的表示品质的方法。现将其中几种主要表示品质的方法及订立时应注意的事项简述如下。

（1）凭样品买卖。以样品作为交接货物的依据，就称为"凭样品买卖"。这种情况下，通常是由卖方提交样品，送买方确认后成交；或由买方提交样品，卖方据此加工或生产。

①样品的份数。样品一般分为三份，买卖双方各执一份，另一份送呈合同规定的商检机构或其他公证机构保存，以备买卖双方发生争议时作为核对品质之用。

②订约注意事项。在凭样品买卖中，交货的品质必须与样品相符，这是卖方的一项法定义务。若在合同中对品质既有文字规定，又写明"凭样品"，那么交货的品质则不仅要符合文字说明，还须与样品一致。如果合同中规定样品仅供参考，则只要交货的品质符合文字说明，又基本与样品一致，就表明卖方履行了交货品质方面的义务。但严格来说，后一种并非是"凭样品买卖"的合同。

（2）凭规格、等级或标准。

①商品规格。商品的规格是指用来反映商品品质的一些主要指标，如成分、含量、纯度、性能、长短、粗细等。

在制定品质规格时，不但要明确、具体，还要切合实际且具有必要的灵活性。切合实际是指符合产品内在和外在的实际情况。就工厂生产方面而言，必须是在生产上实际做得到的和应该做到的。如果定得过高，脱离了实际生产的可能，势必造成生产上的困难，甚至影响按时、按质、按量交货；如果定得偏低，则会影响价格和销量。

必要的灵活性是指应根据生产的实际可能，适用一定的机动幅度和品质公差，不要定得过死，以免造成生产和交货的困难。因此，外贸企业在拟定品质条款时可考虑采用下述几种方法，如表1-6所示。

表1-6　拟定品质条款的方法

方法	描述	举例
规定极限	对商品的品质规格，规定上下、高低或大小极限	黑芝麻:含油量（最低）42%，水分（最高）8%，杂质（最高）1%
规定上下差异	卖方的交货品质可在规定的差异范围内波动	中国灰鸭绒，含绒量90%，允许1%上下浮动

（续表）

方法	描述	举例
规定范围	对某些商品的品质指标规定的差异范围	如，白漂布 35/36 英寸 ×42 英寸①。这里的 35/36，就是指布的幅阔只要为 35 ～ 36 英寸，就是合格的
其他	对有些农副产品，由于其品质规格难以定出统一的标准，在进行交易时可按"良好平均品质"条件来确定品质	"良好平均品质"在我国外贸业务中主要是指装运地在一定时期内出口该种商品的平均品质水平或指合同约定的生产年份的货物的中等水平

② 商品等级。商品等级是指同一类商品按其规格上的差异分为品质各不相同的若干级别，如大、中、小，重、中、轻，一、二、三，甲、乙、丙级等。

③ 商品标准。商品标准是由政府机关或商业团体统一制定用来进行商品品质鉴定的标准。但世界各国制定的品质标准是不一致的，因而在以标准成交时，必须在合同中明确规定以哪国的标准为依据以及该项标准的出版年代和版本，以免产生歧义。

（3）凭牌号或商标。对于某些品质稳定且树立了良好信誉的商品，交易时可采用牌号或商标来表示其品质。这在工业制成品和部分小包装的农副产品的交易中使用得十分广泛,例如，四川涪陵榨菜、双喜牌乒乓球等。

（4）凭说明书。对于大型的成套设备和精密仪器，由于其构造和性能较复杂，无法用几个指标或标准来反映其品质全貌，所以必须凭详细的说明书具体说明其构造、性能、原材料和使用方法等，必要时还须辅以图样、照片来说明。

对于复杂的机电仪器产品，除订有品质条款以外，还须订有品质保证条款和技术服务条款，明确规定卖方须在一定期限内保证其所出售的机器设备质量良好，符合说明书上所规定的指标，以及售后服务项目和范围，否则买方有权请求赔偿。

（5）按现状条件。按现状条件即按商品成交时的状态交货。在此种买卖中，卖方对货物的品质不负责任，只要货物符合合同所规定的名称，不管其品质如何，买方均须接受货物。此种交货方法多用于拍卖合同。

2. 数量条款

在制定数量条款时，外贸企业应注意以下几点。

---

① 1英寸等于0.0254米，余同。

（1）考虑商品的计量单位和计量方法。由于商品的品种、性质不同以及各国度量衡制度不同，它们所采取的计量单位和计量方法往往也不同。例如，粮食、橡胶、矿石、煤炭、生丝、棉纱、茶叶等交易通常使用重量单位；机器设备、服装、汽车、家电、钟表、毛巾、日用品等通常采用个数单位；棉布、木材等通常采用长度单位。但有些商品在交易中可以用多种计量单位表示，如石油产品既可使用重量单位，也可使用容积单位；木材既可使用长度单位，也可使用体积单位等。商品的计量单位如表1-7所示。

表1-7　商品的计量单位

序号	计量分类	计量单位
1	按重量	克、千克、吨、长吨、短吨、磅、克拉
2	按个数	件、双、套、打、罗、令、卷
3	按长度	米、英尺、码
4	按面积	平方米、平方英尺、平方码
5	按体积	立方米、立方英尺、立方码
6	按容积	公升、加仑、夸脱

（2）留意同一计量单位在不同国家所代表的数量。由于各国的度量衡制度不同，同一计量单位所代表的数量也各不相同。例如，"吨"就有长吨（1长吨约1 016千克）、短吨（1短吨约907千克）、吨（1吨＝1 000千克）之分；"尺"也有公尺（1米）、英尺（0.305米）、市尺（0.333米）之分等。因此，在签订合同时，除规定适当的计量单位以外，还必须明确使用哪一种度量衡制度，以免发生不必要的误会和纠纷。

（3）以重量做单位时须明确是以净重还是毛重计算，是以卖方装船时的重量计算还是以买方收货时的重量计算。在以重量做数量单位时，由于各国习惯不同，所以还必须明确重量是以净重计算，还是以毛重计算。

有些商品在装运途中难免失重，若按装船时的重量计算，则卖方风险大；若按收货时的重量计算，则卖方又可能要承担很大的风险和损失（因为按有关法律，卖方交货的数量与合同不符，买方有权拒收并索赔）。实际中往往采用折中的办法，如规定卸货时缺重数量不得超过一定的百分比，超过部分由卖方负责。另外，如果以净重计算，其皮重是按约定皮重、实际皮重，还是按抽样估计皮重，最好也在合同中做明确的规定，以免引起纠纷。

（4）要规定一个浮动范围。有些农副产品和工矿产品在交易时，卖方实际交货的数量往往难以完全符合合同的规定数量，为避免引起纠纷，双方当事人往往在交易磋商时对交货数量规定一个机动幅度，这就是合同中的"溢短装条款"，即允许卖方多交或少交一定数量的货物。机动幅度有以下两种规定方法。

① 明确规定溢短装百分比。如"大米 1 000 吨，5%上下由卖方决定"。这时只要在 1 000 吨的 5%上下的幅度范围内都可履行交货的义务。溢短装百分比也可由买方决定，如"东北大米，2 000 吨，10%上下由买方决定"，这就表明买方在 2 000 吨 10%的范围内可以多要或少要。

② 在数字前加"约"字。如"大米约 1 000 千克"，这也可以使具体交货数量有适当的机动范围。但国际上对"约"字的解释不一，有的解释为可增减 2.5%，有的则解释为可增减 5%，而国际商会《跟单信用证统一惯例》（Uniform Customs and Practice for Documentary Credits，VCP）第 34 条 a 款中则规定为允许有 10%上下的机动。因此，为防止纠纷，使用时双方应先达成一致的理解，并最好在合同中予以规定。

> 目前国际贸易中常用的度量衡制有英制、美制和公制。我国采用公制，但为了适应某些国外市场的习惯，有时也采用对方惯用的计量单位，所以必须掌握好几种常用度量衡制度中的一些较常用的计量单位及其换算。

3. 包装条款

商品是否需要包装以及采用何种包装，主要取决于商品的特点和买方的要求。买卖需要包装的货物时，双方当事人必须在合同中对包装事宜进行明确和详细的规定。订立包装条款时应注意以下几项。

（1）包装费用。许多包装条款中未涉及包装费用，因为包装费用已包括在货价之中。但若买方提出特殊包装要求，其费用应由买方自理。这时，包装条款中就须注明包装费用由买方负责。如下例：

筐装，外包麻布，麻绳捆扎，每筐 50 千克。若买方提出新的包装要求，需于装运月前 60 天通知卖方，其增加的费用由买方负责。

另外，如果买方要求自己提供包装物料（包括商标和其他装潢物料），也应在合同中明确规定包装物料送达的时间、地点、方法、费用和双方的责任等，以防止影响生产和交货。

（2）包装材料。包装材料的好坏直接影响成本，因而须在合同中明确规定。另外，包装材料还涉及有些国家的进口规定。如有些国家规定不得使用麻袋、木材、稻草等作为包装材料或衬垫物。在合同磋商时，须注意进口国家的有关规定，最好在合同中加以明确。

（3）包装装潢。如果客户或进口国对内外包装装潢上使用的标签、贴头、印记等有所要求或规定，也应在合同中反映出来。

（4）运输标识。按国际贸易习惯，运输标识（即唛头）可由卖方自行设计决定，并不一定要在合同中订明。而卖方自行设计的运输标识一般应包括收货人缩写，订单、合同或信用证号码，目的港，件号等四项内容。有时候买方要求标记运输标识，这时不但应该在合同中将买方的要求订明，而且还应规定买方向卖方提供具体运输标识的最后期限及其逾期的补救措施等。

> 在包装条款中应尽量避免使用含糊规定，如"习惯包装""出口包装""合理包装""适宜海运包装"等。因为这类规定看不出有关包装的基本内容，如果发生争议，双方当事人谁也解释不清其中的含义。

4. 价格条款

国际货物买卖合同中的价格条款主要包括单价和金额两个项目。

（1）单价。单价一项中包括计量单位、单位价格金额、计价货币和价格术语等内容，有时还要规定作价的办法。例如，"每吨1 000美元，CIF伦敦（USD1 000 per M ／ T CIF London）"这一单价中就表明了计量单位是吨，计价货币是美元，单位价格是1 000美元，价格术语是成本加保险费加运费，目的港是伦敦。同时，由于对计价方法未做任何其他注明，则表示该项贸易是按固定价格计价的。在表示单价时应注意如下几点。

① 单价的各个组成部分必须表达具体、准确，并且应注意四个部分在中、外文书写上的先后次序，不能任意颠倒顺序。

② 价格计量单位应与数量条款中所用的计量单位一致，不能发生矛盾。

如石油，不能在数量条款中使用容量"桶"，在价格条款中又使用重量"吨"；或者某种用重量单位计量的货物，数量条款中采用吨，而价格条款中又用长吨或短吨表示，这都是不行的。

③ 计价货币的名称要准确。不同国家或地区使用的货币名称可能相同，但币值却不一定相同，如"元"就有美元（US）、港元（HK）、日元（J）、人民币（RMB）等。另外，单价

和金额或总金额中所使用的计价货币也必须一致。

④ 价格术语的选择要适当。在国际贸易中，一般都要使用一定的价格术语。价格术语不但确定了商品的价格构成，还表明了买卖双方在货物交接过程中的风险划分、费用负担以及应办手续的责任，同时还能确定合同的性质。

在选择使用某一贸易价格后，合同中的其他条款要与之适应，不要发生抵触。比如采用 FOB 这一价格后，在合同的其他条款中就不能出现"货不到，不成交"或"卖方对货物所承担的风险至目的港"或"货物务必于 ×× 日期到达目的港"等措辞，因为这些措辞实际上是指目的港交货，所以它改变了 FOB 合同的性质。

（2）金额或总金额。合同的金额是单价与数量的乘积，如果合同中有两种以上的不同单价，就会出现两个以上金额，几个金额相加就是合同的总金额。填写金额或总金额时要认真细致、计算准确，否则将可能导致不必要的纠纷和麻烦。

合同中的金额除了用阿拉伯数字填写外，一般还应用汉字再次注明金额大小，即所谓"大写"。

5. 装运条款

装运条款中主要应包括装运时间、装运方式、装运通知和装运港与目的港等事项。

（1）装运时间。在国际贸易中，当采用 FOB 装运港交货条件成交时，卖方只要按时将货物在装运港装上指定的船只，即完成了交货义务。承运人在提单上所注明的日期就是交货日期，所注明的货物装运地点就是交货的地点。因此在装运港交货合同中装运期与交货期在时间上是一致的。

当采用 FOB、CFR 和 CIF 这三种贸易价格成交时，装运时间通常有三种表示方法。

① 规定具体时间装运。

例如，2020 年 8 月装，2020 年 6 月 /7 月 /8 月装。

若用前一种表示法，则卖方只要在 8 月 1—31 日这一期间内的任何时候装运都算履行交货的义务；如果用后一种表示法，则卖方可以在 6 月 1 日至 8 月 31 日这一期间内任何时候装运。

② 规定收到信用证后若干天装运。

例如，收到信用证后 30 天内装，但买方必须最迟于 8 月 1 日前将有关信用证开抵卖方。

这种表示法有三层意思：

第一，只要在卖方收到信用证后的 30 天内完成了装运就算履行了合同的交货义务；

第二，卖方的交货义务是在收到买方信用证后才开始发生，否则无义务履行交货；

第三，买方必须在 8 月 1 日前将信用证开抵卖方，否则就要负违约责任，同时如果买方想快点收到货物，就必须尽快开出信用证。

这种规定方法对于卖方特地为买方生产或包装的货物买卖，以及买方的资信情况不良或卖方对买方资信情况不甚了解的情况下非常必要。

③ 综合规定。

例如，2020 年 8 月装，但买方必须于装运月前 20 天将有关信用证开抵卖方。

该表示法虽然规定了卖方具体装运期间，但其前提条件是买方必须于 7 月 10 日前将信用证开抵卖方。

（2）装运方式。装运方式主要指的是一次装运还是分批装运，是直达还是转运。装运方式在合同中也很重要。按照有些国家的法律，如果合同中没有规定卖方可分批装运或转运，卖方却擅自分批装运或转运，买方可拒收货物并索赔。不过，按照国际商会《跟单信用证统一惯例》，如果信用证上没有做相关规定，可准许卖方分批装运和转运。分批装运和转运这一条件的表示法有以下几种。

2020 年 6/7/8 月装运，允许分批装运和转运。

2020 年 6/7/8 月分三批装运，允许（或不允许）转运。

2020 年 6/7/8 月每月各装一批，允许（或不允许）转运。

2020 年 6/7/8 月分三批平均装运，允许（或不允许）转运。

2020 年 6/7/8 月分三批每月平均装运，允许（或不允许）转运。

2020 年 6 月装运若干，7 月装运若干，8 月装运若干，允许（或不允许）转运。

以上表示法，从上至下对卖方而言越来越不利。就拿"分三批每月平均装运"而言，卖方的机动余地很少，只要其中任何一批没有按期按量装运，本批及以后各批货物就可能遭到买方拒收并索赔（除非合同规定，每批构成一份单独的合同），如果合同标的物是一种不可分割的货物（比如，一套大型的机械设备等），买方还可能退还已受领货物并索赔。所以在表示时一定要选择有利于己方的方法。

（3）装运通知。装运通知的目的是便于买卖双方互相配合，共同做好船、货衔接工作，避免在装运环节上出现漏洞。

①按 FOB 条件成交时。按 FOB 条件成交时的装运通知要求如表 1-8 所示。

表 1-8　按 FOB 条件成交时的装运通知要求

序号	程序	具体内容
1	卖方货物备妥时	按 FOB 条件成交，卖方应于约定的装运期开始前（一般为 30 天）向买方发出货物备妥装船的通知，以便买方及时向船公司或货物代理公司订舱位或派船到指定的装运港接货
2	买方接到通知后	买方接到备妥装船通知后，应按约定时间将船舶预计到达装运港截止收货日期通知卖方，或及时将预订到的货物订舱单通过传真或电邮发给卖方，以便卖方安排拖车送货到船公司指定的码头或仓库（如果是散货海运的话，是指海关监管仓库）
3	装船完毕	装船完毕，卖方应及时将有关合同号、货名、件数、唛头或重量、体积、发票金额、船名及装船日期、到达日期等有关事项（如果买方委托卖方代办托运时，卖方还需将有关船籍等事项）电告买方，以便买方投保及在目的港做好接货的准备

②按 CIF 和 CFR 条件成交时。在按 CIF 和 CFR 条件成交时，上述通知也十分必要，特别是在 CFR 条件下，上述通知就更为重要，因为买方需要根据卖方电告的装船通知购买货物运输保险。如果因卖方延误发出装船通知，致使买方未能及时投保，由此造成的损失将由卖方负责。

（4）装运港与目的港。在国际贸易中，装运港一般由卖方提出，经买方同意后确认，目的港由买方提出，经卖方同意后确认。由于装运港和目的港关系到卖方对货物装运的安排和买方的收货或转销，所以必须在合同中做出明确的规定。

一般来说，FOB 合同必须注明装运港，如"FOB 上海""FOB 中国口岸"。而 CIF 和 CFR 合同则必须注明目的港，如"CIF 纽约"。但不管哪种合同，规定目的港时，都必须注意以下几点。

①不得将货物运往有包销代理或签有国家间贸易协定限制的国家或地区，不得将货物运往敌对国家或禁止贸易往来的地区。

②如果采用 CIF 或 CFR 条件成交，还得注意目的港是否属危险（如冰冻、罢工、战争、瘟疫等）港口。

③在规定目的港时，还应注意港口重名的问题，比如叫维多利亚港（Victoria）的全世界

有十多个。的黎波里港（Tripoli）在利比亚和黎巴嫩都有，波特兰（Portland）与波士顿（Boston）在美国和其他国家都有同名港等。因此，在填写目的港名（特别是同名的港口）时，应写明属地名称，以免发生差错。

6. 保险条款

（1）保险条款的内容。在国际货物买卖合同中，保险条款是一项重要条款。该条款的规定方法视合同所采用的价格术语而有所区别，如图1-1所示。

方法一 ▷ **按 FOB 和 CFR 条件成交时**

> 如果按 FOB 和 CFR 条件成交，货物的价格中不包括保险费用。因此，保险由买方自行负责。在这种情况下，其保险条款一般都规定得较简单，如"保险由买方自理"。但若应买方的要求，卖方愿意代买方办理保险手续，也应在合同中加以规定，如："应买方的要求，由卖方按若干保险价值在 ×× 保险公司代买方投保 ×× 险。其保险费由买方负责，并在信用证内做相应的规定。"

方法二 ▷ **按 CIF 条件成交时**

> 如果按 CIF 条件成交，由于货价中包括了保险费，因而在保险条款中应具体规定卖方需投保的险别与保险金额等

图 1-1 保险条款的规定方法

（2）保险险别。

①常见的三大基本险别：FPA（Free From Particular Average）即平安险；WPA（With Particular Average）即水渍险；All Risks 即综合险、一切险。

②其他附加险险别：Theft, Pilferage & Non-Delivery Risks（T.P.N.D.）即偷窃、提货不着险；Fresh and / or Rain Water Damage Risks 即淡水雨淋险；Shortage Risk=Risk of Shortage 即短量险；Intermixture & Contamination Risks 即混杂、沾污险；Leakage Risk=Risk of Leakage 即渗漏险；Clash & Breakage Risks 即碰损、破碎险；Taint of Odor Risk 即串味险；Sweating & Heating 即受潮受热险；Hook Damage Risk 即钩损险；Rust Risk=Risk of Rust 即锈损险；Breakage of Packing Risk 即包装破损险；War Risk 即战争险；Strikes, Riots and Civil Commotions（S.R.C.C.）即罢工、暴动、民变险。

（3）保险金额。保险金额是保险公司可能赔偿的最高金额。为买方着想，习惯上保险金

额按发票金额加一成预期利润和业务费用，即按发票金额的110％投保。不过，如果买方有要求，也可按发票金额加两成乃至三成的预期利润投保，但事先必须在保险条款中予以明确规定。例如，我方出口货物时保险条款可以做如下规定。

由卖方按发票金额的110％投保平安险（或水渍险，或一切险）、战争险和罢工险。按20××年版中国人民财产保险股份有限公司海洋运输货物保险条款负责。

由卖方根据20××版中国人民财产保险股份有限公司海洋货物运输保险条款，按发票金额的110％投保一切险和战争险。若来证规定货物需转运内陆城市或其他港口者，卖方代为办理至内陆城市或其他港口的保险，但此项额外保险费由买方负担，并在信用证中做相应的规定。

如果买方执意要求卖方按伦敦保险协会制定的《学会货物条款》（简称I.C.C）投保的话，也可接受，其规定如下：

"由卖方按发票金额的110％投保一切险和战争险，按伦敦保险协会的《学会货物条款》负责。"

（4）在洽商保险条款时应注意以下几个问题。

① 应尊重对方的意见和要求。有些国家规定，其进口货物必须由本国保险，这些国家有40多个，包括缅甸、印度尼西亚、伊拉克、巴基斯坦、加纳、也门、苏丹、叙利亚、伊朗、墨西哥、阿根廷、巴西、秘鲁、索马里、利比亚、约旦、阿尔及利亚、扎伊尔、尼日利亚、埃塞俄比亚、肯尼亚、冈比亚、刚果、蒙古、罗马尼亚、卢旺达、毛里坦尼亚等。对这些国家的出口，不宜按CIF价格条件成交。

② 如果国外客户要求我们按伦敦保险协会条款投保，我们可以接受客户要求将其在合同中予以明确。因为英国伦敦保险协会条款在世界货运保险业务中有很大的影响，很多国家的进口货物保险都采用这种条款。

③ 经托收方式收汇的出口业务，其成交价应争取按CIF价格条件成交，以减少风险损失。因为在我们交货后，如货物出现损坏或灭失，买方拒赎单，卖方保险公司可以负责赔偿，并向买方追索赔偿。

7. 支付条款

支付条款的内容应包括支付金额、支付工具、支付方式等。

（1）支付金额。一般来说，支付金额就是指合同规定的总金额。但在图1-2所述情况下，支付金额与合同规定的总金额不一致。

情形一 ▷ 分批交货、分批付款的合同中，每批支付的金额只是合同总金额的一部分

情形二 ▷ 在以"后定价格"和"滑动价格"作价时，就须按最后确定的价格确定支付金额

情形三 ▷ 在合同中若规定有品质优劣浮动价款或数量溢短装条款，支付金额就须按实际交货的品质和数量确定

情形四 ▷ 在订立合同时，无法确定由买方支付的附加费（如港口拥挤附加费、选港附加费、特殊包装要求附加费等）一般不列入合同总金额内，而由买方连同货款一并支付

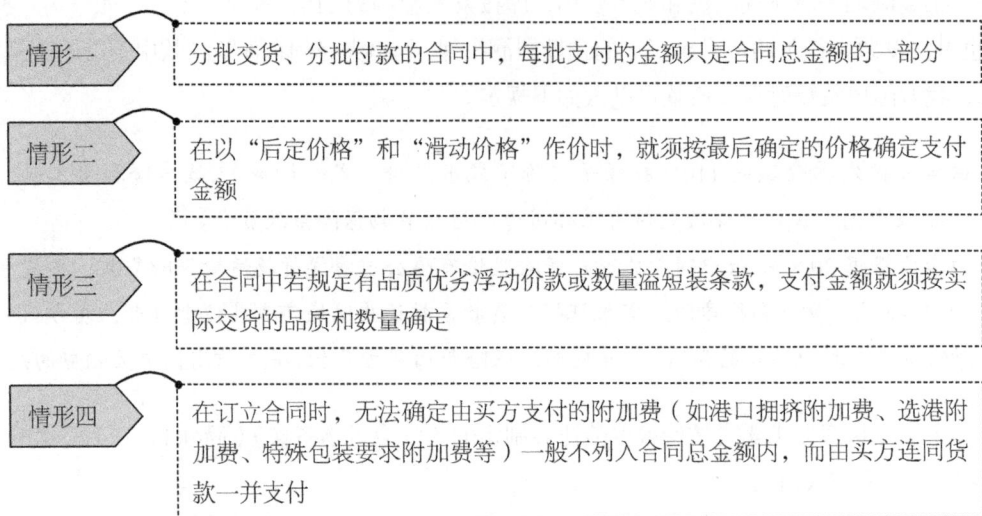

图 1-2　支付金额与合同规定的总金额不一致的情形

在以上所列情况下，都有可能发生支付金额与合同总金额不一致，所以在支付条款中，支付金额的规定方法也不尽相同。通常有表 1-9 所示的几种规定方法。

表 1-9　支付金额的规定方法

序号	规定方法	适用范围
1	按发票金额的 100% 支付	多适用于交货前能够确定附加费，以及无附加费或其他浮动费用的交易。在此种情况下，买方在付款时按发票金额支付
2	规定约数	即在金额前加上"约"字，多适用于交货数量有溢短装条款的情况
3	货款按发票金额支付，附加费等其他费用另行结算	适用于交货前无法确定附加费的交易。例如，"货款按全部发票金额确定，选港附加费凭支付费用的正本收据向买方收取"

（2）支付工具。在国际贸易货款收付中很少使用现金，大多使用汇票。

（3）支付方式。支付方式有三种：汇款、托收和信用证。

总之，支付条款在合同中要规定得具体、准确，以免发生误会。

8. 检验与索赔条款

在买卖合同中通常都订有检验条款。由于检验与索赔有着密切的关系，有些买卖合同就

把检验与索赔这两项合并在一起，称为检验与索赔条款。

检验条款主要包括检验权、检验期限、检验地点、检验机构和检验证书等内容。

（1）检验权。检验权是指买卖双方究竟由谁来决定商品的品质、数量及包装是否符合合同的规定。目前在国际贸易中，对检验权主要有以下规定：

① 以离岸品质、数量（重量）等为准；

② 以到岸品质、数量（重量）等为准；

③ 以装运港的检验证书为准，但货到目的地后允许买方复检。

（2）检验期限。

① 检验期限与索赔期限的关系。检验期限一般是指买方对货物品质、数量等的复检期限，通常与索赔期限联系在一起，但两者之间又有区别，具体如表1-10所示。

表1-10　检验期限与索赔期限的区别

序号	类别	具体说明
1	检验期限	指买方对货物品质、数量的复检（或检验）期限。例如，"买方必须于货到目的港后30天内进行检验""买方必须于货物在目的港卸船后15天内进行检验"。在这种情况下，买方只有在合同规定的期限内进行检验，并取得约定的检验证书，其检验结果才能作为提出索赔的有效依据。否则，如果买方超过规定的期限不进行检验，就丧失了检验的权利
2	索赔期限	指经检验货物不符合合同规定，买方向卖方提出赔偿损失的期限

例如，"买方对于装运货物的任何索赔，必须于货到目的港后30天内提出，并需提供经卖方同意的公证机构出具的检验报告。"

在这种条件下，买方如果在30天内对货物的品质、数量等不提出索赔，就丧失了索赔权。另外，即使在有效期间内提出索赔，也必须提供约定的检验报告。

总之，买方必须首先委托卖方可接受的检验机构进行检验，只有检验结果证明货物达不到合同的规定，才能索赔。其中从检验到提供检验证书之间的时间差，对于不易腐品（如机器设备等）或较易保管的商品关系不大，但对于鲜活物品等特殊货物关系很大。

② 需区分检验期限与索赔期限的情况。在订立有关鲜活物品等特殊货物的检验与索赔条款时，应把检验期限与索赔期限分开。

例如，"买方必须于货物在提单所订目的港卸船后的当天（或三天内）经由××商检机构（或××公证机构）进行检验；对于装运货物的任何索赔，必须于货物在提单所订目的港卸船后七天内提出，并须提供上述商检机构（或公证机构）出具的检验报告。"

③ 不需区分检验期限与索赔期限的情况。对于较易保管物品或不易腐蚀物品等普通商品，就不需区分检验期限与索赔期限，仅仅规定索赔期限就已经足够了。其索赔期限的长短因商品不同而不同，对于机器设备等可规定 60 天或 60 天以上，对于一般性货物可规定 30 ~ 60 天，对于农副产品、食品等则通常规定得更短一些。

（3）检验地点。按照国际贸易惯例，在 FOB、CFR、CIF 合同中，除双方当事人另有协议外，检验地点是在目的港的卸货码头和关栈，而不是在货物的最后目的地或装运地点。

（4）检验机构。在国际贸易中，进行商检的机构主要有三类：一是由国家设立的商检机构，二是由私人或同业公会、协会开设的公证机构，三是由厂商或使用单位设立的检验部门。在订立检验条款时，对检验机构必须做出具体的规定。如在我国进行检验可规定："由中国商品检验局进行检验""……提供中国商品检验局出具的有关检验报告（或证书）"。

（5）检验证书。检验证书是指商检机构检验货物后的结果，以证明标的物是否符合合同的规定。常见的商检证书有品质检验证书、数量（重量）检验证书、植物检疫证书、兽医检疫证书、卫生检疫证书等。因商品的特性不同导致应提供的检验证书也各不相同，所以在检验条款中也应对此做出明确的规定。如"以中国商品检验局出具的品质、数量检验证书和卫生检疫证书作为有关信用证项下议付所提出单据的一部分……"。

（6）其他。除上述内容，为了避免意外的麻烦和误解，在检验条款中还应规定适当的检验方法和检验标准。因为许多商品在检验时，如果采用的检验方法或标准不同，往往会导致检验结果上的差异。

（三）约尾

约尾是合同的结束部分，完整的合同应该在约尾部分注明合同正本份数、使用文字和效力，以及双方当事人的签字、盖章、日期等。通常情况下，合同至少一式两份，双方各执一份。

三、合同中常见错误及应对事项

在我国外贸企业执行出口合同的实践中，常会因一些合同中的漏洞与差错而贻误了合同的正常履行。

（一）出口合同中容易出现的漏洞与差错

在我国企业的出口合同中容易出现的漏洞与差错主要有：

（1）合同的客户名称写得不全或字母不准；

（2）客户的电传、传真等信息被遗忘；

（3）价格计算有误或阿拉伯数字与相应的大写不符，货币单位错漏；

（4）包装条款含糊不清；

（5）合同条款中对双方约定的权责不清晰、不明确或前后矛盾；

（6）唛头标记不明确；

（7）目的港选择不当；

（8）装运港出现错误；

（9）船期安排不合理等。

以上种种漏洞与差错往往不易引起外贸审核人员的注意，然而就是这些漏洞与差错影响了很多出口合同的正常履行，因而要认真审核。

（二）应对策略

1. 合同条款要严格执行我国的对外政策

（1）成交对象和交货目的港要严格执行我国的对外政策。政策不允许的不能成交，也不能将货物发往政策不允许的地区。

（2）对那些明确规定需在国内办理投保的国家，不要强制对方接受 CIF 条件。

2. 合同条款内容要一致

（1）成交条件与保险条款要一致。按 CIF 条件成交的应当由我方投保，按 FOB 或 C&F[①]条件成交的应当由对方投保。

（2）成交条件与交货港口要一致。按 CIF 或 C&F 条件要附带一个目的港即卸货港，按 FOB 条件要有装运港。

（3）单价和总值要保持一致，在币别的使用上也要一致。

（4）包装条件与刷唛标记要一致。

（5）付款方式与装运期限要一致。

---

① C&F指成本加运费，指定目的港。

（6）合同总数量与分批装运的数量要一致。

（7）交货期与信用证日期要一致。

（8）有些格式合同的某些条款是需要填写内容和做出选择的，在制作合同时要正确填写或删除。

3.合同条款的内容要明确

（1）对于交货目的港不要只写国名或地区名称，如美国港口等，因一个国家有很多港口，只写国名不利于船舶的安排。对有重名港口，名称后要写上国名，如加拿大、几内亚等国家都有叫维多利亚的港口。对于对方派船合同，装货港必须明确，卸货港则可按买方要求安排。

（2）对于合同的交货期、信用证到期日等的书写，应写清年、月，不能只写月，不写年。

（3）对于包装条件的规定要明确，应列明用什么东西包装及每件（包）的重量。

（4）必须明确保险由谁办理，并须明确保险险别及适用条款。

（5）一般应明确溢短装比例，散装大宗货为5%～10%，一般件杂货物（普通货物）为1%～5%。

（6）在合同中必须明确支付方式。信用证必须明确是不可撤销的，并须明确到期日、到期地点以及受益人名称。信用证的有效期至少应控制在装船期后15天。

（7）对于合同中的唛头标记，应争取按国际通常做法制作，即横式，共为4行，每行不超过17个字母，第一行为收货人缩写，第二行为合同号码，第三行为目的港名称，第四行为箱号或件数。

（8）对于整船出运的货物，往往会涉及滞期/速遣条款。我方派船合同一般发生在国外目的港，对方派船合同发生在国内装货港。因此，应根据不同情况，分别在合同上附上一份运输条款。

四、签订合同的基本步骤

（一）达成签订合同的意愿

买卖双方可以通过不同的方式及条件达成签订合同的意愿，具体如下所示。

（1）通过谈判直接成交而签订正式合同。

（2）通过信件、传真达成协议，应一方或双方当事人的要求，须先签订确认书，而后再签订正式的合同。

（3）通过信件、传真达成协议，即以发盘、还盘及有效接受的往来函电作为合同的基础。

（二）制作售货合同或售货确认书

在我国的国际贸易业务中，各外贸企业都印有固定格式的进出口合同或成交确认书，即所谓的格式合同（Model Contract Forms）。它适用于某一类产品（如化工产品、机械设备等）的买卖。格式合同只具有建议性质，当事人可依据双方协议修改或变更其内容。当面成交的，双方共同签署;通过往来函电成交的，由我方签署后，一式两份送交国外买方签署，退回一份，以备存查，并用作履行合同的依据。售货合同样本如表 1–11 所示。

表 1–11　售货合同

（正面）　　　　　　　　　　　　SALES CONTRACT（1）

				编号：（2） No. ：
卖方：（5a）	签约日期：（3）		签约地点：（4）	
SELLERS : LIAONING ARTS AND CRAFTS IMPORT AND EXPORT CORP.				DATE :
				SIGN AT :
地址：（5b） ADDRESS :			传真：（5c） FAX :	
买方：（6a） BUYERS :				
地址：（6b） ADDRESS :			传真：（6c） FAX :	

兹经买卖双方同意，成交下列商品，订立条款如下：（7）
The undersigned buyers and sellers have agreed to close the following transactions according to the terms and conditions stipulated below:

品名及规格 NAME OF COMMODITY & SPECIFiCATIONS （8）	单价 UNIT PRICE （9）	数量 QUANTITY （10）	金额及术语 AMOUNT & PRICE TERMS （11）

（续表）

数量及总值均允许增加或减少____%，由卖方决定。（12） With percent more or less both in the amount and quantity of the S/C allowed.				
总金额： TOTAL VALUE： （13）	包装： PACKING： （14）	装运期： TIME OF SHIPMENT： （15）	装运港和目的港： PORTS OF LOADING & DESTINATION （16）	是否允许分批装运，是否允许分批转船 （17）

PORTS OF LOADING & DESTINATION: From any Chinese Port to With Partial shipments and transshipment allowed.

保险：由卖方按中国人民保险公司条款照发票总值110%投保一切险及战争险。如买方欲增加其他险别，须于装船前征得卖方同意，所增加的保险费由买方负担。（18）

INSURANCE：To be covered by the Sellers for 110 % of Invoice value against All Risks and War Risk as per the relevant clauses of The Peoples Insurance Company of China. If other coverage is required, the Buyers must have the consent of the Sellers before shipment and the additional premium is to be borne by the Buyers.

付款方式：买方应于装运月份前30天，由卖方可接受的银行申请开具以卖方为受益人的不可撤销的即期信用证，至装运月份后第15天在中国议付有效。（19）

PAYMENT：The buyers shall open with a bank acceptable to the Sellers an irrevocable sight Letter of Credit to reach the Sellers 30 days before the month of shipment, valid for negotiation in China until 15th days after the month of shipment.

唛头：买方应在合同装运期前30日内，将唛头的详细说明以明确的形式通知卖方，否则由卖方自行决定。（20）

SHIPPING MARKS：The detail instructions about the shipping marks shall be sent in a define form and reach the sellers 30 days before the time of shipment aforesaid. Otherwise, it will be at the seller's option.

买方开证时，请注明本合同号码。（21）
When opening L/C please mention our S/C Number.

一般条款：（请参看本合同背面）（22）
GENERAL TERMS AND CONDITIONS:（Please see overleaf）

买方签字：   卖方签字：（23）
THE SIGNATURE OF BUYERS   THE SIGNATURE OF SELLERS

（合同背面）   （续表）

一般条款
GENERAL TERMS AND CONDITIONS

1. 付款条件：

买方所开信用证不得增加和变更任何未经卖方事先同意的条款。若信用证与合同条款不符，买方有责任修改，并保证此修改之信用证在合同规定的装运月份前至少15天送达卖方。即期付款交单：买方须凭卖方开具的即期跟单汇票，于见票时立即付款，付款后交单，否则卖方有权向买方追索逾期利息。

Terms of Payment:

In the Buyer's Letter of Credit no terms and conditions should be added or altered without prior to the Sellers consent. The Buyers must amend the letter of credit if it is inconsistent with the stipulation of this contract, and the amendment must reach the Sellers at least 15 days before the month of shipment stipulated in this contract.

2. 商品检验：

买卖双方同意以装运口岸中国进出口商品检验局提供的检验证据，作为品质和数量的交货依据。

Commodity Inspection:

It is mutually agreed that the Certificate of Quality and Quantity issued by the Chinese Import and Export Commodity Inspection Bureau at the port of shipment shall be took as the basis of delivery.

3. 装船通知：

卖方在货物装船后，立即将合同号、品名、数量、毛重、净重、发票金额、提单号、船名及装船日期以传真形式通知买方。

Shipping Advice:

The Sellers shall immediately upon the completion of the loading of the goods advise by fax the Buyers of the contract number, commodity, quantity, gross and net weight, invoiced value, bill of lading number, name of vessel and sailing date etc..

4. 索赔：

有关质量的索赔，应于货到目的地后三个月内提出。有关数量的索赔，应于货到目的地后30天内提出。提出索赔时，买方须提供卖方认可的公证机构出具的检验报告。但属于保险公司或轮船公司责任范围内者，卖方不负任何责任。

Claims:

Claims concerning quality shall be made within 3 months and claims concerning quantity shall be made within 30 days after the arrival of the goods at destination. Claims shall be supported by a report issued by a reputable surveyor approved by the Sellers. Claims in respect of matters within the responsibility of the insurance company or of the shipping company will not be considered or entertained by the Sellers.

5. 不可抗力：

因不可抗力事故所致，不能如期交货或不能交货时，卖方不负任何责任。但卖方必须向买方提供由中国国际贸易促进委员会或其他有关机构所出具的证明。

Force Majeure:

The Sellers shall not be responsible for late delivery or non-delivery of the goods due to the Force Majeure. However, in such case, the Sellers shall submit to the Buyers a certificate issued by the China Council for the Promotion of International Trade or other related organization as evidence.

6. 仲裁：

因执行本合同所发生的或与本合同有关的一切争议，双方应友好协商解决。若协商不能获得解决，则应提交中国国际贸易促进委员会对外贸易仲裁委员会，根据该仲裁委员会的程序进行仲裁。仲裁裁决是终局的，对双方均有约束力。

Arbitration:

All disputes arising from the execution of or in connection with this contract shall be settled through amicably negotiation. If no settlement can be reached through negotiation, the case shall then be submitted to the Foreign Trade Arbitration Commission of China Council for the Promotion of the International Trade in Beijing for arbitration in accordance with its provisional rules of procedure. The arbitral award is final and binding upon both parties.

7. 其他：

对本合同的任何变更和增加，仅在以书面经双方签字后方为有效。任何一方在未取得对方书面同意前，无权将本合同规定之权利及义务转让给第三者。

Other Conditions:

Any alterations and additions to the contract shall be valid only if they are made out in writing and signed by both parties. Neither party is entitled to transfer its right and obligation under this contract to a third party before obtaining a written consent from the other party.

8. 本合同附件为本合同不可分割的一部分。在合同中，中英文两种文字具有同等法律效力。

All annexes to this contract shall form an integral part of this contract. Both texts of this contract in English and Chinese are equally valid.

9. 其他条款：

本合同自双方签字之日起生效。

Other Terms:

This contract shall be valid from the date when it is signed by both parties.

售货合同的填写说明如下。

（1）售货合同（SALES CONTRACT）。文本约首应醒目地注明 SALES CONTRACT 或

SALES CONFiRMATION（售货合同确认书）等字样。一般来说，出口合同的格式都是由我方（出口公司）事先印制好的，因此有时会在售货合同（SALES CONTRACT）字样之前加上出口公司名称或是公司标识等（我国外贸公司在进口时也习惯由我方印制进口合同）。

（2）编号（No.）。此栏填写合同的编号。一般来说，每家公司都有自己的系列编号，以便存储归档管理之用。

例如：04 S1 32/005。

（3）签约日期（DATE）。此栏填写实际的签约日期。

（4）签约地点（SIGN AT）。签约地点关系到如果发生争议，本合同适用哪一国法律，因此需准确填写。

（5）卖方信息。

①卖方名称（SELLERS）此栏填写卖方的全称。注意有时此栏内容已经由公司印制好，但如果公司名称已更改，则需要更改为新名称并加盖校对章或重新印制合同。

②地址（ADDRESS），此处为卖方公司详细地址，如已更改，注意使用新的地址。

③传真（FAX），此处填写卖方公司的传真号，以方便联系。

（6）买方信息。此处填写买方名称（BUYERS）、地址（ADDRESS）、传真（FAX）。

（7）第七项多为买卖双方订立合同的意愿和执行合同的保证。

（8）品名及规格（NAME OF COMMODITY & SPECIFiCATIONS）。此栏应详细写明各项商品的名称及规格。如果是据来往函电成交后签订的售货合同确认书，可只写商品名称，而后注“SPECIFiCATIONS AS PRR QUTATIONS”。

（9）单价（UNIT PRICE）。一般来讲，单价由四部分构成，例如，USD50FOB 大连 PER M/T，缺一不可。

（10）数量（QUANTITY）。此栏为计价的数量。

（11）金额及术语（AMOUNT & PRICE TERMS）。此栏填写每一项商品的累计金额及价格术语。

例如，如果一份合同涉及两种商品（化工原料001、陶瓷制品002），则001的总额、002的总额分别与前面一一对应列明。

即：化工原料001…………001的总额

陶瓷制品 002…………002 的总额

（12）溢短装条款。大宗散装货物多列明此条款。溢短装货物的单价仍以合同价计量。

例如，数量及总值均允许增加或减少___%，由卖方决定；即 With percent more or less both in the amount and quantity of the S/C allowed, decided by the seller.

如果此项只列 "With percent more or less in the quantity of the S/C allowed."，则表明只允许数量增减，无金额增减，实为有名无实的虚条款。相关人员在订立合同和审核信用证时，需慎重考虑此情形。

（13）总金额（TOTAL VALUE）。本栏列明币种及各项商品累计金额之和。它是发票及信用证金额的依据。

（14）包装（PACKING）。此栏填写包装的种类、材料、包装及其费用由谁承担。如无特别声明，则由卖方承担。

例如，IN CARTONS or IN WOONDEN BOXES. 即用纸板箱或盒装。如无包装可填写 NAKED（裸装）或 IN BULK（散装）。

（15）装运期（TIME OF SHIPMENT）。装运期可有多种规定方法，可以规定具体时段，例如，4 月中旬或 3 月底前，另外也可以用信用证或售货合同等为参照物规定相应时间。

例如，信用证开出后或到达卖方后 30 天。注意：如按后者的规定方式，则需相应规定信用证开出或到达的具体日期，而且注意信用证的有效期与装运期的关系，防止"双到期"的发生，导致不能安全收汇。

（16）装运港和目的港（PORTS OF LOADING & DESTINATION）。此处列明装运港和目的港。

对于 FOB 合同，装运港为合同要件，所以要特别列明装运港。对于 CIF 合同，目的港为合同要件，所以要特别列明目的港。即使在非为合同要件的情况下，在卖方开立信用证之时一般也要订明相关港口。如需转船，则列明中转地。

（17）是否允许分批装运及转船（With partial shipments and transshipment allowed）。此栏填写是否可以分批装运及转船（Y/N）。《跟单信用证》规定，如未列明是否允许分批装运或转船，则视为允许分批装运或转船。如有特别要求，可在备注栏补充注明，也可在此栏或"品名及规格"一栏空白处注明。

（18）保险（INSURANCE）。如按 FOB 价格成交，则选择 TO BE EFFECTED BY THE BUYERS（由买方自理）。如为 CIF 合同，一般规定如下。

①如无特殊要求，由卖方按中国人民保险公司条款按照发票总值110%投保最低险别 F.P.A.（平安险）。另外，根据国际商会规定，一般需按行业惯例替买方把保险交足。

②如买方欲增加其他险别，须于装船前征得卖方同意，所增加的保险费由买方负担。

③如为长期客户，则买卖双方协商按行业惯例加保险别，并确定保险费由哪一方负担。

例如，To be covered by the Sellers for 100% of Invoice Value against All Risks and War Risks as per the relevant clauses of the People's Insurance Company of China. If other coverage is required the Buyers must have the consent of the Sellers before shipment and the additional premium is to be borne by the Buyers.

由卖方根据中国人民保险公司有关规定，按发票金额的 100% 投保一切险和战争险。如果需要其他保险，买方在装船前必须征得卖方的同意，并且额外保险费用由买方承担。

（19）付款方式（PAYMENT）。本栏注明付款条件。

在如今的国际贸易中一般使用信用证付款方式，此时需注意信用证的有效期与装运期的关系，以保证安全收汇。

装运期应与信用证到期日（有效期）之间有一段合理的间隔，不能太短，甚至"双到期"，致使装运单据取得后没有足够时间进行议付；也不能太长，会占压买方资金。

（20）唛头（SHIPPIING MARKS）。如为裸装货或中性包装，则填写"N/M"。一般使用卖方的唛头，个别情况由卖方结合买方的要求设计唛头，或由买方自定。

（21）一般条款（GENERAL TERMS AND CONDITIONS）。主要就付款条款、商品检验、索赔、不可抗力、仲裁、其他事项等做出规定。此类条款通常印在合同背面。如果对方有异议之处可提出修改，如买方有特别指定的商品检验机构，双方可协商变更。

在一般条款中还可以加上一个其他条款（OTHER TERMS/REMARKS）。有特殊规定可在此说明。因为多使用格式合同，难免有需改动和补充之处。

（22）买方和卖方分别签字盖章（THE SIGNATURE OF BUYERS/SELLERS）。由公司法人签字、盖章。

（三）审核合同尽量避免差错

对于己方（出口方）制定的书面合同，在寄送给对方之前外贸业务人员要做好审核工作，以避免因合同的漏洞与差错而导致经济损失。具体如表1-12所示。

表1-12　合同的审核要点

序号	事项	审核要点
1	约首部分	（1）合同的编号必须要仔细审核，以避免出现错误 （2）买方的各种信息要仔细审核以防诈骗
2	质量条款	对于合同约定的表示方式，一定要明确其要求： （1）在进行实物说明的情况下，应在合同中力争详细标注关于产品品质描述的关键指标，最好以我方能完全实现的指标为前提，对于色差等不可控指标，最好提前约定其不属质量系数，以保证我方履约能力 （2）对于依据说明书表示的，一般应注意是否订有品质保证条款和技术服务条款，以确定售后服务的范围以及出现问题时的解决方法
3	数量条款	（1）要注意考虑商品的计量单位和计量方法 （2）以重量作单位时须明确是以净重还是毛重计算 （3）要在合同中约定一个机动幅度
4	包装条款	必须在合同中进行明确和慎重的规定，不能出现模糊用语
5	价格条款	仔细审核贸易价格，确保合同的其他条款不能与之抵触
6	装运条款	不同的贸易条件会有不同的装运时间、方式等，在审核时要仔细检查确保前后一致
7	保险条款	检查是否按约定的要求投保和选择保险险别
8	支付条款	审核是否按规定选好了支付方式，尤其对于信用证，必须明确是不可撤销的，并须明确到期日、到期地点以及受益人名称
9	违约条款与不可抗力条款	要注明是协商订立的，不能只是免去某一方的责任

在进行具体审核时，外贸业务人员可以设计一个表格做好记录，以便己方更好地履行合

同，如表 1-13 所示。

表 1-13　合同审核单

合同编号：		签订日期：		信用证到期地点：	
买方地址：		电话：		传真：	
成交方式：		价格术语：			
品名及规格		单价	数量	金额	
重量：			溢短装比例：		
包装要求：					
唛头：					
质量要求：					
保险	保险金额：				
	保险险别：				
装运	装运期： 装运港： 目的港： 装运方式：□不可分批装运 　　　　　□可分批装运，可以分_____批，时间规定：				
商品检验	检验时间：　　　地点：　　　机构： 是否要复验：　　复验时间：　　地点：　　机构： 检验内容： 检验项目： 检验证书要求：				
本合同有疑义的地方：					

（四）出口合同核算

外贸业务人员应根据与客户最终达成的交易条件，仔细地进行出口合同核算。核算的内容包括总成交金额、实际总成本、实际国内费用、总海运费、总保费、总佣金、总利润额、利润率。

（五）寄出成交签约函

外贸业务人员应给国外客户寄送成交签约函，感谢对方的订单，并说明随后会寄出售货合同或售货确认书，催促其迅速回签并及时开出信用证。

Dear Sirs,

Thank you very much for your trust and sincerity showed in you letter dated sep. 6th, 2019. We really appreciate your efforts to pave the way of our business. So we are glad to place the initial order No. **FD-FLESC03** with you as follows:

Item. NO.	Commodity & Specifications	Unit	Quantity	Unit Price （US$）	AMOUNT （US$）
	CHANGJIANG BRAND CLOCK			CIFC5 KUWAIT	
1	8130G3	SET	4 056	1.48	6 002.88
	CHANGJIANG BRAND CLOCK			CIFC5 KUWAIT	
2	7808J1	SET	4 056	1.61	6 530.16
3	7808P	SET	4 056	1.22	4 948.32
4	8130G2	SET	4 056	1.29	5 232.24
				TOTAL	22 713.60
TOTAL CONTRACT VALUE :	SAY US DOLLAR TWENTY TWO THOUSAND SEVEN HUNDRED AND THIRTEEN POINT SIXTY ONLY				

We are looking forward to your confirmation in the sales contract, and the irrevocable sight letter of credit should not later than April 25th 2021.

Your sincerely,

× × × × LTD.

× × × ×

Manage

（六）审核其回签合同

对对方签回的书面合同应及时认真地审核，检查对方是否对合同做了我方不能接受的修改，如果有，应立即通知对方不能接受其对合同的修改，或者依据存档的副本向对方提出异议。

以上是己方起草合同的情况，如果合同是由对方制好并签字寄来，己方应做如下审核工作：

（1）从头到尾仔细检查各项条款是否合理，确保合同内容与洽谈过程中达成的条件、协议相一致，至少没有己方不能接受的条款；

（2）若有不能接受的条款，则不能签字，应直接寄给对方，请对方修改；

（3）在签署退回时，要防止重复签署，造成一份合同两笔交易；

（4）合同签好字后己方留存一份，给对方寄回一份。

第三节　信用证跟催和审核

外贸订单获得最终确认的标志是收到定金或信用证。信用证是国际贸易中使用最普遍的付款方式，其特点是受益人（通常为出口人）在提供了符合信用证规定的有关单证的前提下，开证行承担第一付款责任，其性质属于银行信用。应该说，在满足信用证条款的情况下，利用信用证付款既安全又快捷。但必须特别注意的是，受益人要事先对信用证条款进行审核，对于不符合出口合同规定或无法做到的信用证条款应及时提请开证人（通常为进口方）进行修改，这样可以避免因信用证导致的各种问题。

一、催开信用证

如果买卖双方约定采用信用证方式付款，买方应严格按照合同规定按时开立信用证，这是卖方履约的前提。但在实际业务中，有时买方在市场发生变化或资金发生短缺的情况下，往往会拖延开证。因而，外贸业务人员有必要催促对方尽快办理开证手续。

（一）什么情况下应催开信用证

外贸业务人员遇到以下情形时，应注意向买方发出函电提醒或催促对方开立信用证。

（1）在合同规定的期限内，买方未及时开证这一事实已构成违约。如卖方不希望中断交易，外贸业务人员可在保留索赔权的前提下，催促对方开证。

（2）签约日期和履约日期相隔较远，外贸业务人员应在合同规定开证日之前，向对方表示对该笔交易的重视，并提醒对方及时开证。

（3）卖方货已备妥，并打算提前装运，外贸业务人员可征求对方是否同意提前开证。

（4）买方资信欠佳，外贸业务人员应提前进行提示，这有利于督促对方履行合同义务。

（二）催开函不能使用责备和厌烦的口吻

外贸业务人员在催促对方开具信用证时，一般要撰写一封催开函，并通过 E-mail 发送给对方。撰写时用词、用句要得体，不要使用责备和厌烦的口吻。

> 外贸业务人员在撰写催开函时，应有礼貌地说明所订货物已经备妥，但有关的信用证却没有收到。如果第一封信函没有回音，可以发第二封信函。第二次撰写时，仍应克制情绪，但可以适当表达失望的心情。

外贸业务人员在撰写催开函时可使用以下常用语句。

（1）As the goods against your order No.111 have been ready for shipment for quite some time. It is imperative that you take immediate action to have the covering credit established as soon as possible.

由于贵方订单第 111 号的货物已备待运有相当长时间了，贵方须立即行动并尽快开出信用证。

（2）We repeatedly requested you by faxes to expedite the opening of the relative letter of credit so that we might affect shipment for the above mentioned order. But after the lapse of 3 months, we have not yet received the covering L/C.

我们已经多次传真要求贵方从速开来有关信用证，以使我们装运上述订单的货物。但是三个月过去了，仍未收到有关信用证。

（3）We hope that you will take commercial reputation into account in all seriousness and open

L/C at once, otherwise you will be responsible for all the losses arising therefrom.

希望贵方认真考虑商业信誉，立即开证。否则，由此产生的一切损失均由贵方负责。

（4）The shipment time for your order is approaching, but we have not yet received the covering L/C. Please do your utmost to expedite the same to reach here before the end of this month so that shipment may be effected without delay.

贵方订单的装船期已经临近，但我们尚未收到有关信用证。请尽最大努力从速将信用证在本月底前开到，以便及时装运。

下面提供两份催开信用证函件的范本，供读者参考。

【范本】催开信用证函件（1）

催开信用证函件

Dear Mr. Smith,

We are so glad that we made a conclusion with you and signed the contract No. NEO2001/026. Please note that the delivery date is approaching and opening the relative L/C immediately is necessary.

To avoid the subsequent amendment, please make sure that the stipulations in the L/C must be strictly conformed with those of the contract.

Yours faithfully,

亲爱的史密斯先生：

我们非常高兴和贵公司的合作终于有了结果，我们签订的合同号是"NEO2001/026"。

请注意装运期越来越近，您有必要尽快开立信用证了。

为了避免将来改证，请确保信用证中的条款和合同中的条款一致。

【范本】催开信用证函件（2）

催开信用证函件

Dear Sirs:

With regard to your order No. AB 153 for 3,000 metric tons of cotton we regret up to this date we have received neither the required credit nor any further information from you.

Please note that, as agreed, the terms of payment for the above order are sight Letter of Credit established within 2 weeks upon the arrival of our Sales Confirmation.

We hereby request you to open by cable an irrevocable sight Letter of Credit for the amount of …
in our favor, with which we can execute the above order according to the original schedule.

Yours truly,

敬启者：

有关贵方3 000吨棉花的订单AB153号，我们对至今尚未收到信用证，也未听到贵方任何
消息感到遗憾。

请注意，上述订单的货款经双方同意是以即期信用证方式支付，而信用证必须在收到我们
的销货确认后两个星期内开出。

我方在此恳请贵方电开金额为……以我方为受益人的不可撤销即期信用证，使我方得以按
原定计划执行上述订单。

二、受理信用证通知书

跟随信用证一起交给企业的，通常还有一页"信用证通知书"，这是开户银行出具的，主
要列明此份信用证的基本情况，如信用证编号、开证行、金额、有效期等，盖有公章。除了
银行公章外，还会有一个"印鉴相符"或"印鉴不符，出货前请洽我行"一类的章。因为信
用证一般是通过电报传递的（通行的是SWIFT电传，一个银行专业的电信服务机构，有特定
的编码格式），理论上有伪造的风险，有人会冒充银行名义开具信用证，因此银行间会预留密
码和印鉴，以兹核对。不过现实生活中这种现象很少见，印鉴不符多为交接操作问题。因此，
企业碰到"印鉴不符"的情况也不必紧张，必要时咨询银行即可。

（一）受理情形

1. 直接出口

如果企业自己直接出口，国外的信用证开到企业的名下，企业的开户银行收到信用证后
会直接通知企业，并把正本或复印件（一般是复印件，如无必要，正本建议留在银行保存）
交给企业。

2. 代理出口

如果企业是通过代理出口，信用证开到代理人名下，企业就要及时敦促代理人进行查询，
在收到信用证后及时传真给企业。在实际业务中，因为代理人不熟悉企业的客户，因此交接

上容易出现问题，如果代理人接到信用证却不知道是哪家企业的，可能会导致延误。企业一旦得知客户开证了，就要把名称、金额告诉出口代理人，盯紧进度。一般来说，从客户开证到企业收到信用证，快则 7 天，慢则 10 天。

以下提供一份信用证通知书的范本供参考。

【范本】信用证通知书

信用证通知书

ADVICE OF LETTER OF CREDIT

交通银行

BANK OF COMMUNICATIONS

ADDRESS：NO. 2066 SHENNAN ROAD

CENTARL, SHENZHEN, CHINA

TEL：

FAX：

SWIFT：COMMCNSHSZN

致（TO）：SHENZHEN JINWONIU TRADING CO.，LTD.	开证日期（DATE OF ISSUE）：07 MAY，2020
	我行编号（OUR REF NO.）：LAZC018200400472
	通知日期（DATE）：10 MAY，2020
	信用证号码（L/C NO）：4BTU0021
	信用证金额（AMOUNT）：USD 15,000.00
开证行（ISSUING BANK）： ABN AMRO BANK N. V. TAIBEI TAIWAN	有效期（EXPIRY DATE）：17 JUNE，2020
	最迟装运期（LATEST SHIPMENT DATE）：7 JUNE, 2020
	未付费用（CHARGE）：RMB0.00
	费用承担人（CHARGE BY）：BENEFiCIARY
	是否生效（AVAILABLE）：VALID
转递行（TRANSMITTING BANK）： ABN AMRO BANK. 24/F SHENZHEN □□ DEVELOPMENT CENTRE，SH	印押是否相符（TEST/SIGN）：YES
	我行是否保兑（CONFiRM）：NO

（续）

DEAR SIRS,（敬启者）

WE HAVE PLEASURE IN ADVISING YOU, THAT WE HAVE RECEIVED FROM THE A/M BANK A LETTER OF CREDIT, CONTENTS OF WHICH ARE AS PER ATTACHED SHEET（S）. THIS ADVICE AND THE ATTACHED SHEET（S）MUST ACCOMPANY THE RELATIVE DOCUMENTS WHEN PRESENTED FOR NEGOTIATION.

兹通知贵司，我行收到上述银行信用证一份，现随付通知，贵司交单时，请将本通知书及信用证一并提示。

REMARK（备注）：

PLEASE NOTE THAT THIS ADVICE DOES NOT CONSTITUTE OUR CONFiRMATION OF THE ABOVE L/C NOR DOES IT CONVEY ANY ENGAGEMENT OR OBLIGATION ON OUT PART.

本通知书不构成我行对此信用证的保税及其他任何责任。

如贵司发现该证中有任何条款难以接受，请与开证申请人联系以便及时修改，避免单据提示时可能发生的问题。

If you find terms and conditions which you are unable to comply with in this L/C, please directly contact applicant in order to make timely amendment and avoid any difficulties which may arise when documents are presented.

THIS L/C IS ADVISED SUBJECT TO ICC UCP PUBLICATION NO. 600.

本信用证通知书遵循国际商会第 600 号出版物《跟单信用证统一惯例》办理。

YOURS FAITHFULLY

FOR BANK OF COMMUNICATIONS

（二）审核信用证通知书

对于银行开具的信用证通知书，外贸业务人员应对其内容一一进行审核，具体如表 1-14 所示。

表 1-14 信用证通知书的审核要点

序号	内容	审核要点
1	上方空白栏	（1）审核信用证的通知行中英文名称、英文地址与传真号 （2）出口方一般选择自己的账户行为通知行，以便于业务联络及解决将来可能发生的贸易融资问题
2	日期	即通知日期。收到国外开来的信用证后，应仔细审核通知行的签章、业务编号及通知日期
3	致（TO）	受益人名称及地址即信用证上指定的有权使用信用证的人，一般为出口方
4	开证行	一般为进口方所在地银行
5	转递行	转递行负责将开证行开给出口方的信用证原件递交给出口方。只有信开信用证，才有转递行，电开信用证无转递行
6	信用证号	（1）信用证号必须清楚、没有变字等错误 （2）如果信用证号多次出现，应前后保持一致，否则应电洽修改
7	开证日期	信用证上必须注明开证日期，如果没有，则视开证行的发电日期（电开信用证）或抬头日期（信开信用证）为开证日期
8	信用证的币别和金额	（1）信用证中规定的币别、金额应该与合同中签订的保持一致 （2）币别应是国际可自由兑换的币种，货币符号为国际普遍使用的世界各国货币标准代码 （3）金额采用国际通用的写法，若有大小写两种金额，应注意大小写金额保持一致
9	信用证的有效地点	（1）有效地点是受益人在有效期以内向银行提交单据的地点 （2）国外来证一般规定有效地点在我国境内，但如果规定有效地点在国外，则应提前交单以便银行有足够的时间将单据寄到有效地的银行
10	信用证的有效期限	（1）信用证的有效期限是受益人向银行提交单据的最后期限，受益人应在有效期限日期之前或当天将单据提交指定地点的指定银行 （2）如果信用证没有规定该期限，按照国际惯例，银行将拒绝受理于装运日期后21天提交的单据
11	信用证付款期限	分为即期付款和远期付款两种
12	未付费用	即受益人尚未支付给通知行的费用，审核是否填制清楚
13	费用承担人	信用证中规定的各相关银行的银行费用等由谁来承担

（续表）

序号	内容	审核要点
14	来证方式	开立信用证可以采用信开和电开两种方式： （1）信开信用证，由开证行加盖信用证专用章和经办人名章并加编密押，寄送通知行 （2）电开信用证，由开证行加编密押，以电传方式发送通知行
15	信用证是否生效	（1）"生效"通常表示为"VALID" （2）如果信用证在一定条件下才正式生效，通知行就在正本信用证上加注"暂不生效"字样
16	印押是否相符	（1）收到国外开来的信用证后，应仔细审核印押是否相符，填写"YES"或"NO" （2）电开信用证应注意其密押，看有无密押核符签章（SWIFT 信用证因随机自动核押，无此章）
17	是否需要保兑行	根据信用证内容，填写"YES"或"NO"
18	审核通知行签章	收到国外开来的信用证后，应仔细审核通知行的签章、业务编号及通知日期

三、及时填写信用证登记管理表

企业从银行收到国外来证后，要立即进行登记，以便查询和管理。外贸业务人员可以设计一个管理表格，内容要包括信用证编号、合同编号、开证行名称及地址、货物描述、信用证金额、货物交期及信用证有效期等，如表1-15所示。

表1-15　信用证登记管理表

序号	信用证编号	合同编号	开证行		货物描述	信用证金额	货物交期	信用证有效期	备注
			名称	地址					

> 为了使各个信用证对应的业务清晰明确，应采取一证一卷进行记录的办法。
>
> 对于要修改的信用证，由于银行转来的信用证修改书只显示原证号以及修改的内容，如不登记来证，就无法将修改书对号入座。
>
> 信用证的正本在内部流动使用时也要做好交接登记手续。

四、阅读信用证

外贸业务人员在收到信用证后要马上进行阅读，并要注意以下事项。

（一）检查信用证的项目组成

信用证的开证项目主要由以下内容组成。

必选：20 DOCUMENTARY CREDIT NUMBER（信用证号码）。

可选：23 REFERENCE TO PRE-ADVICE（预先通知号码）。

如果信用证是采取预先通知的方式，该项目内应该填入"PREADV/"，再加上预先通知的编号或日期。

必选：27 SEQUENCE OF TOTAL（电文页次）。

可选：31C DATE OF ISSUE（开证日期）。

如果这项没有填，则开证日期为电文的发送日期。

必选：31D DATE AND PLACE OF EXPIRY（信用证有效期和有效地点），该日期为最后交单的日期。

必选：32B CURRENCY CODE, AMOUNT（信用证结算的货币和金额）。

可选：39A PERCENTAGE CREDIT AMOUNT TOLERANCE（信用证金额上下浮动允许的最大范围）。该项目的表示方法较为特殊，数值表示百分比的数值，例如，5/5，表示上下浮动的最大范围为5%。

可选：39B MAXIMUM CREDIT AMOUNT（信用证最大限制金额）。

39B 与 39A 不能同时出现。

可选：39C ADDITIONAL AMOUNTS COVERED（额外金额），表示信用证所涉及的保险费、利息、运费等金额。

必选：40A FORM OF DOCUMENTARY CREDIT（跟单信用证形式）。跟单信用证有六种形式：IRREVOCABLE（不可撤销跟单信用证）；REVOCABLE（可撤销跟单信用证）；IRREVOCABLE TRANSFERABLE（不可撤销可转让跟单信用证）；REVOCABLE TRANSFERABLE（可撤销可转让跟单信用证）；IRREVOCABLE STANDBY（不可撤销备用信用证）；REVOCABLE STANDBY（可撤销备用信用证）。

必选：41A AVAILABLE WITH... BY...（指定的有关银行及信用证兑付的方式）。

（1）指定银行付款、承兑、议付。

（2）兑付的方式有五种：BY PAYMENT（即期付款）、BY ACCEPTANCE（远期承兑）、BY NEGOTIATION（议付）、BY DEFPAYMENT（迟期付款）、BY MIXED PAYMENT（混合付款）。

（3）如果是自由议付信用证，对该信用证的议付地点不做限制，该项目代号为41D，内容为：ANY BANK IN...

可选：42A DRAWEE（汇票付款人），必须与42C同时出现。

可选：42C DRAFTS AT...（汇票付款日期），必须与42A同时出现。

可选：42M MIXED PAYMENT DETAILS（混合付款条款）。

可选：42P DEFERRED PAYMENT DETAILS（迟期付款条款）。

可选：43P PARTIAL SHIPMENTS（分装条款），表示该信用证的货物是否可以分批装运。

可选：43T TRANSSHIPMENT（转运条款），表示该信用证是直接到达，还是通过转运到达。

可选：44A LOADING ON BOARD/DISPATCH/TAKING IN CHARGE AT/FROM（装船、发运和接收监管的地点）。

可选：44B FOR TRANSPORTATION TO...（货物发运的最终地）。

可选：44C LATEST DATE OF SHIPMENT（最后装船期），装船的最迟日期。

可选：44D SHIPMENT PERIOD（船期）。

44C与44D不能同时出现。

可选：45A DESCRIPTION OF GOODS AND/OR SERVICES（货物描述），指货物的情况、价格条款。

可选：46A DOCUMENTS REQUIRED（单据要求），写明各种单据的要求。

可选：47A ADDITIONAL CONDITIONS（特别条款）。

可选：48 PERIOD FOR PRESENTATION（交单期限），表明开立运输单据后多少天内交单。

必选：49 CONFiRMATION INSTRUCTIONS（保兑指示）。其中，CONFiRM：要求保兑行保兑该信用证；MAY ADD：收报行可以对该信用证加具保兑；WITHOUT：不要求收报行保兑该信用证。

必选：50 APPLICANT（信用证开证申请人），一般为进口商。

可选：51A APPLICANT BANK（信用证开证银行）。

可选：53A REIMBURSEMENT BANK（偿付行）。

可选：57A "ADVISE THROUGH" BANK（通知行）。

必选：59 BENEFiCIARY（信用证的受益人），一般为出口商。

可选：71B CHARGES（费用情况），表明费用是否由受益人（出口商）负担，如果没有这一条，表示除了议付费、转让费以外，其他各种费用由开出信用证的申请人（进口商）负担。

可选：72 SENDER TO RECEIVER INFORMATION（附言）。

可选：78 INSTRUCTION TO THE PAYING/ACCEPTING/NEGOTIATING BANK（给付款行、承兑行、议付行的指示）。

（二）阅读的方法

外贸业务人员可以用荧光笔，把重要部分，比如日期、金额、单证项目等标示出来，这样在备货制单的时候，就可以一目了然。

此外，可以采用编号看证法，重点查看信用证各个项目编号，既直接又醒目。重点查看以下核心内容：

（1）40A 条款看信用证类型；

（2）50 条款看客户名；

（3）59 条款看受益人；

（4）45A 条款看货物品名；

（5）32B 条款看金额对否；

（6）31D 条款看有效期限；

（7）44C 或 44D 条款看交货期；

（8）46A 看单证；

（9）47A 看特殊条款；

（10）48 看交单期限。

交单期限即在货物装船后什么时限内备齐所有单证交给银行，这一点非常重要。

以上所提的 40A 条款、45A 条款等是跟单信用证的一些条款。

在实际工作中，外贸业务人员还可以通过制定信用证分析单（如表 1-16 所示）来对信用证各条款的内容形成更清晰、明了的认识。

表 1-16　信用证分析单

1. 信用证文本格式　　□信开　　□电开　　□ SWIFT	
2. 信用证号码 _____	
3. 通知银行编号 _____	□未注明
4. 开证日 _____	
5. 到期日 _____	
6. 到期地点 _____	□未注明
7. 付款方式　　□付款　　□承兑　　□议付	
8. 货币 _____	
9. 金额（具体数额）_____	
10. 最高限额规定（具体数额）_____	□未注明
11. 金额允许增减幅度 _____	□未注明
12. 交单期（中文）_____	
13. 开证申请人（名称）_____	
14. 受益人（名称）_____	
15. 开证银行（名称）_____	
16. 通知银行（名称）_____	□未注明
17. 议付银行（名称）_____	□未注明
18. 付款 / 偿付银行（名称）_____	□未注明
19. 货物名称 _____	
20. 合同 / 订单 / 形式发票号码 _____	□未注明
21. 合同 / 订单 / 形式发票日期 _____	□未注明
22. 价格 / 交货 / 贸易术语 _____	□未注明
23. 最迟装运日 _____	
24. 装运港 _____	
25. 目的港 _____	
26. 分批装运　　□允许　　□不允许	

（续表）

| 27. 转运 | □允许 | □不允许 |

28. 运输标识 _____ □未注明

29. 运输方式 □海运 □空运 □陆运

30. 向银行提交单据列表（用阿拉伯数字表示）

名称	汇票	发票	装箱单	重量单	尺码单	承运人证明	船公司证明	船程证明	受益人证明	寄单证明	装船通知
份数											
名称	海运提单	空运提单	产地证	贸促会产地证	普惠制产地证	商检证	官方商检证	商会商检证	保险单	投保通知	寄单快件收据
份数											

五、审核信用证

在实际单证业务中，由于各种原因，买方开来的信用证常有与合同条款不符的情况。为了维护己方的利益，确保收汇安全和合同顺利履行，外贸业务人员应对照合同对国外来证进行认真的核对和审查。审核信用证时的主要依据是国内的有关政策和规定、交易双方成交的合同、国际商会《跟单信用证统一惯例》以及实际业务中出现的具体情况。

（一）审核信用证的原则

审核信用证通常应遵循的原则如图 1-3 所示。

原则

信用证条款规定比合同条款严格时，应当对信用证中存在的问题提出修改

当信用证的规定比合同条款宽松时，往往不需要修改信用证

图 1-3 审核信用证的原则

（二）信用证审核的基本要点

信用证审核的基本要点如表 1-17 所示。

表 1-17 信用证审核的基本要点

项目		基本要点
信用证本身	信用证性质	（1）信用证是否不可撤销 （2）信用证是否存在限制性生效及其他保留条款 （3）电开信用证是否为简电信用证 （4）信用证是否申明所应用的国际惯例规则 （5）信用证是否按合同要求加保兑
信用证本身	开证申请人和受益人	要仔细核对名称及地址
	到期日和到期地点	（1）信用证的到期日应该符合买卖合同的规定，一般为货物装运后 15 天或者 21 天 （2）到期地点一定要规定为出口商所在地，以便做到及时交单
专项审核	信用证金额、币种、付款期限	是否与合同一致
	货物项目	货物名称、货号、规格、数量、包装（含唛头）等是否与合同一致
	装运项目	装运／卸货港、装运期限、分批转运的规定是否与合同一致
	单据项目	信用证项下要求受益人提交议付的单据通常包括商业发票、海运提单、保险单、装箱单、原产地证、检验证书及其他证明文件。审核时要注意单据由谁出具、能否出具、信用证对单据是否有特殊要求、单据的规定是否与合同条款一致等
	对信用证批注的审核	对信用证上用铅字印好的词句内容和规定，特别是信用证空白处、边缘处加注的字，缮写或橡皮戳记加注字句应特别注意。这些词句往往是信用证内容的主要补充或修改，如不注意可能造成损失

（三）信用证审核中的常见问题

外贸业务人员要注意信用证审核中的一些常见问题，具体内容如表 1-18 所示。

表 1-18 信用证审核中的常见问题

序号	项目	常见问题
1	信用证的性质	（1）信用证未生效或有限制性生效的条款 （2）信用证为可撤销的 （3）信用证中没有保证付款责任的内容 （4）信用证内漏列适用国际商会 UCP 规则的条款 （5）信用证未按合同要求加保兑 （6）信用证密押不符
2	信用证有关期限	（1）信用证中没有到期日（有效期） （2）到期地点在国外 （3）信用证的到期日和装运期有矛盾 （4）装运期、到期日或交单期规定与合同不符 （5）装运期或有效期的规定与交单期矛盾 （6）交单期过短
3	信用证当事人	（1）开证申请人公司名称或地址与合同不符 （2）受益人公司名称或地址与合同不符
4	金额货币	（1）信用证金额不够（不符合合同规定、未达到溢短装要求） （2）金额大小写不一致 （3）信用证货币币种与合同规定不符
5	汇票	（1）付款期限与合同规定不符 （2）没有将开证行作为汇票的付款人
6	分批和转运	（1）分批规定与合同规定不符 （2）转运规定与合同规定不符 （3）转运港口与合同规定或成交条件不符 （4）目的地与合同规定或成交条件不符 （5）转运期限与合同规定不符
7	货物	（1）货物品名不符 （2）货物数量不符 （3）货物包装有误 （4）货物单价数量与总金额不吻合 （5）漏列溢短装规定
8	贸易术语	（1）贸易术语错误 （2）使用术语与条款有矛盾

（续表）

序号	项目	常见问题
9	单据	（1）发票种类不当 （2）商业发票要求领事签证 （3）提单收货人一栏的填制要求不当 （4）提单抬头和背书要求有矛盾 （5）提单运费条款规定与成交条件矛盾 （6）正本提单全部或部分直寄客户 （7）产地证明出具机构有误（国外机构或无授权机构） （8）漏列必须提交的单据（如 CIF 成交条件下的保险单） （9）费用条款规定不合理 （10）运输工具限制过严 （11）要求提交的检验证书种类与实际不符 （12）保险单种类不对 （13）保险险别范围与合同规定不一致 （14）投保金额未按合同规定 （15）信用证中援引的合同号码与日期错误

六、处理信用证的遗漏或差错

（一）对遗漏或差错要立即采取措施

如果按信用证的审核要点进行审核，发现有任何遗漏或差错，外贸业务人员要按以下要求立即做出决定，采取必要的措施。

（1）不修改信用证，而考虑能否更改计划或单据内容来达成一致。

（2）一旦发现需要进行修改的情形，就必须立即采取相应措施提出修改申请。

信用证修改与不修改的情形如表 1-19 所示。

表 1-19　信用证修改与不修改的情形

类别	具体内容	具体说明
需要修改的情形	来证标明是"REVOCABLE"（可撤销的）信用证	根据 UCP，受益人只能接受不可撤销的信用证，否则收汇无保障

（续表）

类别	具体内容	具体说明
需要修改的情形	受益人及开证人名称、地址有严重错漏	与合同不一致，影响合同的履行，必须进行修改
	信用证内容与合同不符	（1）来证所列商品名称、规格型号、单价或作价办法、包装、唛头等内容与合同明显不符 （2）来证金额不足或使用币种与合同规定不符 （3）来证所用贸易术语与合同不符 （4）来证规定的装运港、目的港与合同不符 （5）来证的装船期距离有效期太近或我方收到信用证后，估计余留的时间不足以备货、订舱和调运货物 （6）来证有效到期地点不是在受益人所在国的，必须改证，否则对受益人非常不利 （7）来证所列的保险条款、商检方法等与合同不符 （8）来证所列的特别条款属于"软条款"，即"陷阱"条款，对我方不利
	要求将信用证展期	（1）由于货源或船期等出现问题，需要展期 （2）由于市场或销售情况发生变化，无法按期装货
	要求改变投保险别和装运条件等	进口国的经济形势或政治局势出现风险，使出口风险增加，必须要修改信用证
可以不修改的情形	字母、单词的拼写错误	（1）一般的拼写错误不会造成信用证当事人对重要信息的误解或不同解释 （2）在制单时将错就错按照来证的信息填写，但须在其后面括号中标注正确的信息
	未显示允许分批装运和转运	根据UCP，除非信用证另有规定，允许分批装运和转运
	未规定交单期限	根据UCP，如未规定交单期，银行将不接受晚于装运日21天后提交的单据
	信用证的延迟生效	（1）如果来证有"本证暂未生效""本证须在开证申请人获得进口许可证后方始生效"之类的条款，不必改证 （2）可把来证放入"待生效"卷宗内，待对方通知生效后再使用
	装运数量不符	可以只修改单证，在制单时数量照打，但要在后面括号内注明实际装运数量

（二）修改信用证注意事项

如果外贸业务人员在检查信用证的时候发现有任何遗漏或差错，那么应该就下列各点立即做出决定，并采取必要的措施。

（1）能不能更改计划或单据内容来达成一致？

（2）是不是应该要求买方修改信用证？如果要求修改信用证，应注意以下几点。

① 凡是需要修改的内容，应一次性向客户提出，避免多次修改信用证的情况。

② 对于不可撤销信用证中任何条款的修改，都必须获得当事人的同意。

③ 对信用证修改内容的接受或拒绝有两种表示形式。

a. 受益人做出接受或拒绝该信用证修改的通知。

b. 受益人以行动按照信用证的内容办事。

④ 收到修改的信用证后，应及时检查修改内容是否符合要求，并分情况表示接受或重新提出修改。

⑤ 对于修改内容要么全部接受，要么全部拒绝，部分接受修改内容是无效的。

⑥ 有关信用证的修改必须通过原信用证通知行才具真实性、有效性；通过客户直接寄送的修改申请书或修改书复印件无效。

⑦ 明确修改费用由谁承担，一般按照责任归属来确定。

（三）拟写改证函

要让客户修改信用证，外贸业务人员要做的一项重要工作就是拟写改证函。一份规范的改证函主要包括以下三方面内容：

（1）感谢对方开来信用证；

（2）列明不符点并说明如何修改；

（3）感谢对方合作，并希望尽快开出信用证修改书。

下面提供一个改证函的范本，供读者参考。

【范本】改证函

改证函

Dear Sirs,

RE：EXTENDING VALIDITY OF THE L/C.

We regret to say that we have not received your L/C related to above mentioned Sales Confirmation until today. It is stipulated clearly in the Sales Confirmation that the relevant L/C must reach to us not later than the end of August. Although reaching time of the L/C is overdue, we would like still to ship your goods in view of long-standing friend relationship between us. However we can not make shipment of your goods within the time stipulated in the Sales Confirmation owing to the delay of the L/C. Therefore the L/C needs to be extended as follows.

（1）The time of shipment will be extended to the end of Oct..

（2）Validity of the L/C will be extended to Nov. 15.

Your kind attention is invited to the fact that we must receive your L/C amendment before Sep. 30. Otherwise we will not be able to effect the shipment in time.

Look forward to receiving your L/C amendment early.

Yours sincerely,

×××

敬启者：

　　关于延展信用证有效期。

　　我们遗憾地告诉你方，直到今天我方才收到你方有关上述售货确认书的信用证。在所述确认书上清楚地规定有关信用证应不迟于8月底到达我处。虽然你方信用证到达的期限已过，但鉴于我们之间的长期友好关系，我们仍愿装运你方订货。然而，由于信用证迟到，我们不能按售货确认书所定时间装运货物。因此，需将信用证展期如下。

　　（1）将装运期延期至10月底。

　　（2）将信用证有效期延展至11月15日。

　　请注意，我们要求在9月30日之前收到信用证修改书。否则，我们无法如期装运货物。

　　期盼及早收到你方信用证修改通知书。

　　（署名）

七、妥善保管信用证

信用证的正本是银行凭以办理结汇的依据，无论是交单结汇还是押汇，银行都要求提供信用证的正本。因此信用证正本十分重要，必须妥善保管，不可丢失。

信用证保管的注意事项如下：

（1）所有的信用证必须按不同客户进行分类保管；

（2）如果信用证有修改，要将修改书与原证一起保存；

（3）在该证项下货物装运出口并制单结汇完毕后，要将正本与合同副本、留底单据副本以及来往函电装订成册存档；

（4）用完的信用证不得随意销毁，应与留底单据一同装订好妥善保存。

第二章

备货环节业务跟进

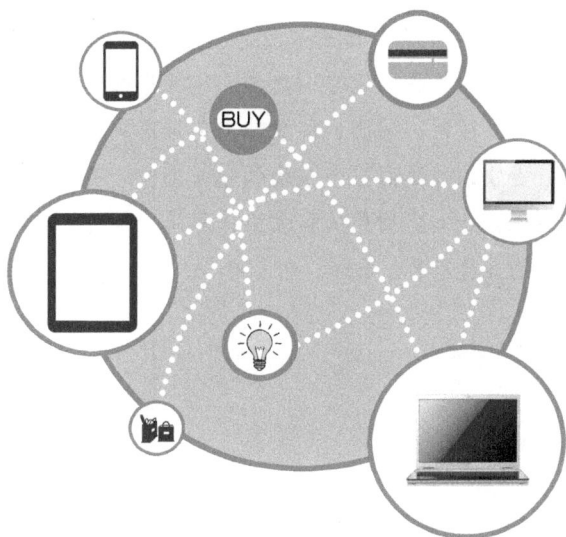

备货是根据出口合同及信用证中有关货物的品种、规格、数量、包装等条款的约定，按时、按质、按量地准备好应交的出口货物，并做好申请报检和领证工作。一般来说，所有出货前的各项工作都属于备货环节的业务范围。

第一节 跟进工厂的生产

外贸企业在收到客户的定金或者信用证后，就可以备货了。备货工作的内容主要包括按合同和信用证的要求，企业生产加工或仓储部门组织货源、催交货物，核实货物的加工、整理、包装和刷唛情况，并对应交的货物进行清点和验收。

一、将英文订单转为中文订单

客户下单后，外贸业务人员应在第一时间将英文订单转为中文订单并立即下发到有关部门。客户下单后，外贸业务人员应立即放下手头其他非紧急的事情，全身心投入到对客户订单的分析上，并与相关部门核对品名、规格、数量、交期等。如有客户交代不清的，应立即发送电子邮件与客户书面确认。客户确认后，立即打印出中文订单并下发到相关部门。

中文订单的发放范围应在订单的最上面显示清楚。显示发放范围的标准格式是："发：沈××（1）、张××（6）、李××（3）、王××（6）、李××（1）……共 23 份。"

中文订单中应杜绝使用模糊语句，如"与上次一样""与去年一样""有关部门"等。

在中文订单的右下角，外贸业务人员应亲笔签下自己的姓名，而不能在电脑中打印出自己的姓名。

当然，订单最终确认的另一个重要指标是客户定金到账（如 30% 定金）或开来信用证。如定金或信用证未到位，可下发订单，让计划部先计算用料，但要书面通知采购部"所有物料的采购要再等通知"，以避免因各种原因客户未能最终确认订单而造成损失。

二、安排生产

安排生产分两种情况，一种是公司自己的工厂生产；另一种是直接向供货商订货。

（一）公司有工厂时的生产安排

在订单确认后，外贸业务人员要根据同客户所签订的合同，把客户的要求转化成易于生产加工部门理解的"生产通知单"。在转换过程中，外贸业务人员必须明确客户订单中的产品名称、规格、型号、数量、包装要求、出货时间等，并且要保证各项信息没有差错，同时要在"生产通知单"（如表2-1所示）中注明特殊需求。只有这些资料明确，各相关部门才能凭此安排备料生产，做好生产计划。

表2-1　生产通知单

订单编号		品牌		生产批量	
验货日期			交货日期		
一、生产项目总览表					

序号	名称	规格	颜色	条形码	……	数量（套）	箱数	包装要求
合计								

二、特别要求

三、附件

"生产通知单"在打印后要交主管或经理确认，签字后下发到生产部。如有可能，企业在每次下发"生产通知单"时，要召集相关部门主管开会，由负责此订单的外贸业务人员再次向其他部门讲解订单的详细要求，使相关部门对每份订单都有充分了解。

在将订单转化成生产加工单时，交货期可以设置得提前一些，如交货期为 12 日，可以设置为 10 日，为生产预留几天，以应对特殊情况的发生。

（二）与国内生产企业签订供货合同

如果外贸公司没有自己的工厂，那就要积极寻找供货商，与之签订供货合同并做好跟催工作。

外贸企业与供货商签订供货合同的要点，具体如表 2-2 所示。

表 2-2 签订供货合同的要点

序号	要点类别	具体说明
1	合同号、日期、地点、买卖双方名称、地址、联系方式	如实详尽填写，不能简写，因为提供货物的人并不一定是供货合同的供方。有许多工厂下属有分厂或独立的加工车间，一个集团内部也会有很多独立的公司。如果签订供货合同后，供方要求需方将货款支付给另一收款人，需方一定要要求供方出具书面指示，以防产生纠纷
2	购货商品的名称、规格、单位、数量、单价、总值	这是购货合同最重要的一部分，出口商要对所采购货物的材质、规格、型号、尺寸、颜色等在合同中做出尽可能详细的描述，以防止生产厂家提供的货物与出口合同不符导致外商拒收或索赔；货物的数量要与出口合同和信用证的规定相符
3	交货日期和地点	（1）交货日期一定要与出口合同或信用证规定的日期衔接好，因为出口合同或者信用证上规定的交货日期是指货物装船后提单签发的日期，而这个日期与工厂交货期之间应留有足够的时间，供出口商履行租船订舱、商检（如有必要）、报关等手续 （2）外贸业务人员在与生产厂家洽谈价格时，一般应要求对方报"到港价"，即厂家负责将货物送至指定的港口，在此以前发生的包装费、国内运费等各项杂费，由厂家承担。否则，如果厂家报的是"出厂价"，双方会因货物从出厂到港口的费用产生分歧而影响合同的顺利履行
4	包装及标识	（1）在购货合同中对包装材料、包装重量及包装方法予以约定，要做到既能保护商品完好运输，又与出口合同和信用证的要求相符 （2）如果出口合同和信用证有规定，运输标识应严格按照规定；如果出口合同和信用证中未做具体规定，出口商应自行编制，并写入购货合同。运输标识应简洁明了，一般编制原则为"出口合同号＋目的港"

下面提供一份加工定做合同范本，供读者参考。

【范本】加工定做合同

加工定做合同

定做方：_____　　　　　　合同编号：_____

承揽方：_____　　　　　　签订地点：_____

签订时间：_____年____月____日

一、定做物品名或项目、规格型号、计量单位、数量、单价、总金额、交货数量及交货期限

定做物品名或项目	规格型号	计量单位	数量	价款或酬金		交货数量及交货期限
				单价	总金额	

二、定做方带料

材料名称	规格型号	计量单位	数量	质量	提供日期	消耗定额	单价	总金额

三、质量要求、技术标准

四、承揽方对质量负责的条件及期限

五、技术资料、图纸提供办法及保密要求

六、验收标准、方法和期限

七、包装要求及费用负担

八、交（提）货方式及地点

九、交付定金预付款数额及时间

十、结算方式及期限

十一、违约责任

（续）

十二、如需提供担保，另立合同担保书，作为本合同附件		
十三、解决合同纠纷的方式		
十四、双方协商的其他条款		
定做方 单位名称（章） 单位地址： 法定代表人： 委托代理人： 电　　话： 电报挂号： 开户银行： 账　　号： 邮政编码：	承揽方 单位名称（章） 单位地址： 法定代表人： 委托代理人： 电　　话： 电报挂号： 开户银行： 账　　号： 邮政编码：	鉴（公）证意见： 经办人： 鉴（公）证机关（章） _____年___月___日 注：除国家另有规定外，鉴（公）证实行自愿原则

有效期限：_____年___月___日至_____年___月___日

....

三、生产进度跟踪

　　为了更好地把控进度，外贸业务人员在下发生产通知单或与供货商签订加工合同后，必须要求对方提供一份生产进度安排表（如表 2-3 所示），然后根据该表对生产进行全面跟踪。

表 2-3　生产进度安排表

订单号：

序号	产品型号	订单数量	拟生产日期	实际完成日期	负责人

制表人：　　　　　　　　　审批：

为了使订单产品能保质、保量、保期地出货，外贸业务人员必须重点跟进产品的生产进度。生产进度跟踪事项如图2-1所示。

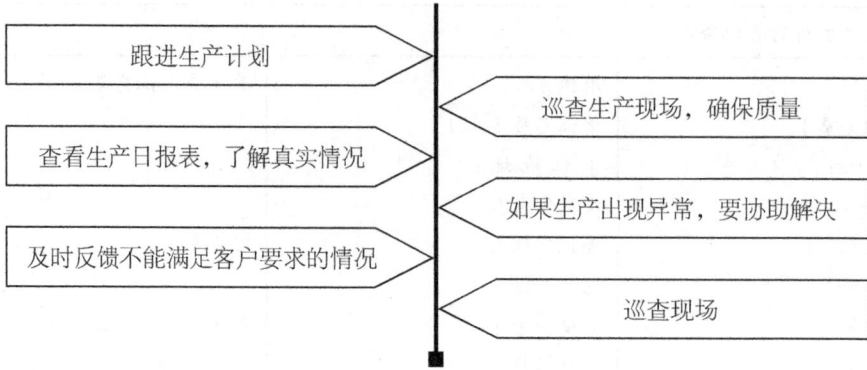

跟进生产计划

巡查生产现场，确保质量

查看生产日报表，了解真实情况

如果生产出现异常，要协助解决

及时反馈不能满足客户要求的情况

巡查现场

图 2-1　生产进度跟踪事项

（一）跟进生产计划

在下发生产通知单后，外贸业务人员要协助生产部将生产通知单转化为具体的生产计划，并要求生产部提供具体的生产进度安排表（如表2-4所示），依据该表对生产进行全面跟踪。

表 2-4　生产进度安排表

订单号：

序号	产品型号	订单数量	拟生产日期	实际完成日期	生产进程负责人

制表人：　　　　　　　　　　　　　审批：

（二）巡查生产现场，确保质量

为了做好生产进度的跟踪，外贸业务人员要亲自到生产现场去进行督促检查，以确保生产过程符合进度要求。通常而言，外贸业务人员要做好以下工作。

（1）了解生产过程的流程次序（工序），顺着流程行进方向跟进各个过程（工序），要注意对各个生产环节进行巡视。

（2）在现场查看时，要多看少动、多听少问、多记少说、多征求意见少发表观点。尤其要与一线的生产员工进行适当的交流，了解生产的实际进度和面临的问题。

（3）与各班组长进行沟通交流，确保各班组的生产顺利进行。如果有异常问题，还应及时与车间主管沟通解决。

（三）查看生产日报表，了解真实情况

生产日报表是一种直接反映生产结果的报表（如表2-5所示），生产部门按计划安排生产，具体结果如何，一般会用企业规定格式的生产日报表进行总结并报告。通过生产日报表，可以了解每天完成的成品数量、不良品数量，或者生产到哪一工序，从而对生产的进度情况有更加真实的了解，以确保准时交货。外贸业务人员可以自行制定一个跟踪表来进行具体的跟进操作（如表2-6所示）。

表2-5　生产日报表

日期：　　　　　　　　　　　　　作业人员：

产品名称	产品编号	型号规格	工序	当日产量	当日不良品数	累计产量	累计不良品数	备注

表2-6　生产情况跟踪表

客户名称：　　　　　　　下单日期：

生产安排日期：

产品型号规格	订单数	指定完工日期	实际生产					
			日期	生产数	累计	日期	生产数	累计

备注：如果进度落后可用不同颜色标识。

（四）如果生产出现异常，要协助解决

生产异常是指造成生产现场停工或生产进度延迟的情形。生产异常问题主要表现在两个方面：生产进度落后和发生生产事故。这时，外贸业务人员需要主动地协助处理，尽量消除对交货的影响，具体应做好以下工作。

（1）及时赶到生产现场，配合现场主管调查生产异常的具体情形。

（2）结合异常情形，分析对生产可能造成的影响，判断是否影响生产进度、影响程度等。

（3）根据生产异常情况，做出下一步的跟单安排，包括跟踪进度的频次、相关部门协调、督促执行改进措施等。

（五）及时反馈不能满足客户要求的情况

在生产过程中，如有意外情况不能满足客户要求，外贸业务人员一定要及时将情况反映到公司最高层，找到解决的办法。同时，为了跟踪产品的质量问题，有时候，外贸业务人员要亲自到生产车间去检查产品质量、查阅产品质量检查报告。

外贸业务人员要多同本厂内的各部门沟通，面对生产部门，外贸业务人员就是客户，所做的一切在对公司负责的同时也要对客户负责。

四、客户供料跟催

有的外贸客户要求用自己的物料，如彩盒、说明书或贴纸等。在这种情况下，外贸业务人员对客户的供料一定要跟紧。当收到客户寄来的物料后，外贸业务人员需开立一张"客户供料通知单"（如表2-7所示），交仓管点数、品管验收。

表2-7　客户供料通知单

制表人：　　　　　　　　　　　　　　　　　　　　　　　日期：

客户名		订单号		数量	
品名		交货日期			
交货方式：					
制作要求：					
客户检验报告：					
客户检验规范：					
检测仪器：					
备注：					

当品管提出物料有异常时，外贸业务人员需填写"客户供料异常处理单"（如表2-8所示），并传真给客户处理。

表2-8　客户供料异常处理单

至：_____　　　　　　　　从：_____

□特急件　　　　　　　　　□急件　　　　　　　　□一般件

	相关单号		品名		品号	
	数量		交货期			

（续表）

异常内容：		
	审查：	填表：
客户回文处理：		
		客户签字：
异常内容：		
	审查：	填表：
备注：特急件请客户 2 小时内回复　　　急件请客户 8 小时内回复 　　　一般件请客户 24 小时内回复		

五、交货期延误的处理

当发现有交货期延误的迹象时，外贸业务人员应立即与客户联系，寻求妥善的解决办法。

（一）己方工厂原因

如果是己方工厂的原因，如因待料、技术问题等需延迟出货，外贸业务人员应与生产部确认新的交货期再以传真或电话方式告知客户，取得客户同意之后，更改订单交货期。如果客户不同意延迟交货，或者取消订单，可与客户协商，工厂负担部分运费或其他杂费，做出让步以取得客户同意。

（二）部分订单客户供料不及时

如果因客户未提供其应提供的包装材料、网印材料等，工厂需打电话或发送传真要求客户提供材料，一般在客户给齐包装材料之后半个月出货。

外贸业务人员必须与工厂（生产企业）密切合作，定期去工厂督促检查，对工厂的生产设备、技术条件以及工人操作水平都要心中有数。对有些具有特殊要求的产品，外贸业务人员要帮助工厂一起制定生产工艺和生产计划，并根据拟定的跟单计划，适时敦促工厂及时安排生产，以保证各项工作顺利进行。

六、订单有变更要及时处理

对于所下的订单，客户不可避免地会发生临时更改订单的情况。一般来说，更改订单主要是对数量、结构、包装要求的更改。外贸业务人员在接到客户变更订单的通知后，要马上放下手头的事情，第一时间处理这件事情，若耽误，可能会造成很大的损失。例如，产品的结构有变化，外贸业务人员若不及时通知相关部门，待出货时现再更改，返工成本会很大，有的甚至会使产品直接变为废品。

（一）确认更改

收到外贸客户的更改通知后，外贸业务人员首先应确认更改内容是什么、工厂能否接受、工厂现有的生产条件能否满足。如果是工厂不能完成的修改，则要同客户协商采用其他方法或本批货不修改。

（二）书面通知相关部门

如果是工厂可以完成的修改，外贸业务人员应第一时间通过书面形式把更改内容通知相关部门，特别是生产部。

（1）订货通知单发出后，如客户临时有数量、交期或技术方面的变更要求，外贸业务人员应另行填写"订货变更通知单"（如表2-9所示），分发到各相关部门。

表2-9　订货变更通知单

客户		订单批号		订货通知单号码	
变更原因说明					
项目	变更前		变更后		备注
产品名称					
规格／型号					
单位					
订货数量					
交期					
其他					
说明					
核准		审核		填单	

（2）变更后的订货通知单应加盖"已修订"字样，并标记取消原订货通知单的号码，应在分发新单的同时回收旧单，以免发生混淆。

（3）在订货通知单发出后，如客户取消订单，则应发出订货变更通知，通知各部门订单取消的信息，并回收原发出的订货通知单。

（4）如果是客户修改订货的产品型号、规格，则视同原订单变更，依变更流程处理，并将客户订单依新订单发出订货变更通知单。

第二节　申领出口许可证

在国际贸易中，根据一国出口商品管制的法令规定，由有关当局签发的准许出口的证件就是出口许可证。出口许可证制是一国对外出口货物实行管制的一项措施。一般而言，某些国家对国内生产所需的原料、半制成品以及国内供不应求的一些紧俏物资和商品实行出口许可证制。通过签发许可证进行控制，限制出口或禁止出口，以满足国内市场和消费者的需要，保护民族经济。此外，某些不能复制，再生的古董文物也是各国保护对象，严禁出口；根据国际通行准则，鸦片等毒品或各种淫秽品也禁止出口。

一、哪些商品需申领出口许可证

出口以下商品需申领出口许可证。

（1）根据国家规定，凡是国家宣布实行出口许可证管理的商品，不管任何单位或个人，也不分任何贸易方式（对外加工装配方式按有关规定办理），出口前均须申领出口许可证。

（2）非外贸经营单位或个人运往国外的货物，不论该商品是否实行出口许可证管理，凡价值在人民币1 000元以上的，一律须申领出口许可证。

（3）属于个人随身携带出境或邮寄出境的商品，除符合海关规定自用、合理数量范围外，也都应申领出口许可证。

二、执行审批并签发出口许可证的机关

目前，我国执行审批并签发出口许可证的机关为商务部及其派驻在主要口岸的特派员办事处；各省、自治区、直辖市以及经国务院批准的计划单列市的对外经贸行政管理部门，实行按商品、按地区分级发证办法。

三、办理出口许可证应提供的文件和材料

办理出口许可证应提供的文件和材料，根据不同情况分别有以下几项。

（一）各类进出口企业

（1）出口许可证申请表。申请表（正本）需填写清楚并加盖申领单位公章，所填写内容必须规范。

（2）出口商品的出口合同（正本复印件）。

（3）申领单位的公函或申领人的工作证；代办人员应出示委托单位的委托函。

（4）非外贸单位（指没有外贸经营权的各机关、团体和企事业单位，下同）申领出口许可证，需提供其主管部门（司、局级以上）证明。

（5）第一次办理出口许可证的申领单位，应提供商务部或经其授权的地方对外经贸主管部门批准企业进出口经营权的文件（正本复印件）。

（6）外商投资企业第一次出口申领许可证，应提供政府主管部门批准该企业的批准证书和营业执照（复印件），由发证机关存档备案。

（二）一般贸易项下出口

一般贸易项下出口，还应分别提交以下材料。

（1）属配额管理商品，国家部委各类进出口企业应提交商务部出口配额审批部门的批件，各地各类进出口企业应提交各地对外经贸主管部门的出口配额审批文件。

（2）属军民通用化学品，应提交化工部的批件；易制毒化学品应提交商务部的批件；重水应提交商务部的批件；计算机应提交商务部批准的《出口计算机技术审查表》。

（3）属配额有偿招标商品，应提交有关招标委员会下发的《申领配额有偿招标商品出口许可证证明书》；对无偿招标商品，应提交有关招标委员会下发的中标证明书。

（三）承包工程带出商品

配额有偿招标商品按招标的有关规定办理，国家部委各类进出口企业应提交商务部的项目批件及出口单位的合同；各地各类进出口企业应提交各地对外经贸主管部门的项目批件及出口单位的合同。出口合同应列明承包工程需带出的许可证商品的品类、数量。

（四）进料加工出口

属占用出口额度的商品，国家部委各类进出口企业应提交商务部批准的出口配额文件和进料加工的文件；各地各类进出口企业应提交各地对外经贸主管部门批准的出口配额和进料加工的文件。

非占用额度的进料加工复出口商品，国家部委各类进出口企业应提交商务部的批准文件和进料加工登记手册。

钢材、生铁、锌、食糖等商品的进料加工复出口，全国各类进出口企业应提交商务部的批件及进料加工登记手册。

（五）非贸易项下出口

1.出运样品

（1）非外贸单位出口货样时，每批货样价值高于人民币5 000元、不超过人民币1万元的，应提交上级主管部门（司、局级以上）出具的公函。

（2）各类进出口企业，出运实行许可证管理的货样，每批货样价值高于人民币5 000元的，应按一般贸易管理规定申领出口许可证。

2.出运展品

（1）非外贸单位主办出国展览会所带物品，凡需要在外销售或展后不带回国的，应提交经商务部批准的举办展览会的批件。

（2）商务部授权的部委直属总公司主办出国展览会所带在外销售的物品，属许可证管理商品，应提交经商务部批准的举办展览会的批件。

四、出口许可证的申领程序

出口许可证是商务部授权发证机关依法签发的、批准某项商品出口的具有法律效力的证明文件，也是海关查验放行出口货物和银行办理结汇的依据。

出口许可证的申领程序如下。

（一）查阅出口商品是否需要申领出口许可证

外贸企业应明确出口商品是否在出口许可证管理范围内，以及该商品属于哪一级发证机关发证。外贸企业可查看《中华人民共和国进出口贸易管理措施：进出口关税及其他管理措施一览表》，先确定商品的 H.S. 编码，然后检索该编码项下商品的具体海关监管条件。如果显示海关监管条件为"4"，即说明需申领出口许可证。

（二）填写出口许可证申请表

出口许可证申请表如表 2-10 所示。

表 2-10　出口许可证申请表

1. 出口商：　　代码				3. 出口许可证号：		
2. 发货人：				4. 出口许可证有效截止日期： 　　　　年　　月　　日		
5. 贸易方式：				8. 进口国（地区）：		
6. 合同号：				9. 付款方式：		
7. 报关口岸：				10. 运输方式：		
11. 商品名称：　　　　商品编码：						
12. 规格、型号	13. 单位	14. 数量	15. 单价（币别）		16. 总值（币别）	17. 总值折美元
18. 总计：						
19. 备注 申请单位盖章： 申请日期：			20. 签证机构审批（初审）： 经办人： 终审：			

填表说明：1. 本表应用正楷逐项填写清楚，不得涂改，不得遗漏，否则无效；

　　　　　2. 本表内容需打印多份许可证的，请在备注栏内注明。

1. 出口许可证申请表的填写要求

凡申领出口许可证的单位，应按表 2-11 所示的规范填写出口许可证申请表。

表 2-11 出口许可证申请表的填写要求

序号	栏目	填写要求
1	出口商	（1）配额管理出口商品，应填写出口配额指标单位的进出口企业全称 （2）一般许可证管理出口商品，应填写有出口经营权的各类进出口企业的全称 （3）还贷出口、补偿贸易项目出口，应填写有出口经营权的代理公司全称 （4）非外贸单位经批准出运货物，此栏填写该单位名称 （5）企业编码应按商务部授权的发证机关编定的代码填写
2	发货人	（1）配额招标商品（包括有偿和无偿招标）的发货人与出口商必须一致 （2）其他出口配额管理商品的发货人原则上应与出口商一致，但与出口商有隶属关系的可以不一致 （3）还贷出口、补偿贸易出口和外商投资企业委托代理出口时，发货人与出口商可以不一致
3	出口许可证号	由发证机关编排
4	出口许可证有效截止日期	（1）实行"一批一证"制的商品，其许可证有效期自发证之日起最长为三个月。供我国香港、澳门地区（不包括转口）鲜活冷冻商品的许可证有效期为一个月 （2）不实行"一批一证"制的商品、外商投资企业和补偿贸易项下的出口商品，其许可证有效期自发证之日起最长为六个月 （3）许可证证面有效期如需跨年度，可在当年将许可证日期填到次年，最迟至二月底
5	贸易方式	（1）此栏内容包括一般贸易、易货贸易、补偿贸易、进料加工、来料加工、外商投资企业出口、边境贸易、出料加工、转口贸易、期货贸易、承包工程、归还贷款出口、国际展销、协定贸易、其他贸易 （2）进料加工复出口，此栏填写"进料加工" （3）外商投资企业进料加工复出口时，贸易方式填写"外商投资企业出口" （4）非外贸单位出运展览卖品和样品每批价值在 5 000 元以上的，此栏填写"国际展览" （5）各类进出口企业出运展览卖品，此栏填写"国际展览"，出运样品填写一般贸易

（续表）

序号	栏目	填写要求
6	合同号	（1）指申领许可证、报关及结汇时所用出口合同的编码 （2）原油、成品油及非贸易项下出口，可不填写合同号 （3）展品出运时，此栏应填写商务部批准办展的文件号
7	报关口岸	指出运口岸，此栏允许填写三个口岸，但仅能在一个口岸报关
8	进口国（地区）	指最终目的地，即合同目的地，不允许使用地域名（如北美洲等）
9	付款方式	此栏的内容包括信用证、托收、汇付、本票、现金、记账和免费等
10	运输方式	可填写海上运输、铁路运输、公路运输、航空运输、邮政运输、固定运输
11	商品名称和编码	按商务部发布的出口许可证管理商品目录的标准名称填写
12	规格、型号	（1）本栏用于对商品做具体说明，包括具体品种、规格（如水泥标号、钢材品种等）、等级（如兔毛等级）。同一编码商品规格型号超过四种时，应另行填写出口许可证申请表。"劳务出口物资"也应按此填写 （2）出运货物必须与此栏说明的出口品种、规格或等级相一致
13	单位	指计量单位。非贸易项下的出口商品，此栏以"批"为计量单位，具体单位在备注栏中说明
14	数量、单价及总值	（1）数量表示该证允许出口商品的多少。此数值允许保留一位小数，凡位数超出的，一律以四舍五入进位。计量单位为"批"的，此栏均为1 （2）单价是指与计量单位相一致的单位价格，计量单位为"批"的，此栏则为总金额
15	备注	填写以上各栏未尽事宜

2. 缮制许可证应注意的事项

（1）出口许可证申请书中的出运数量应严格与合同和信用证规定的数量保持一致，实际出运的数量不得超出出口许可证允许的数量。

（2）出口许可证中的贸易方式、出运口岸等项目应与出口报关单一致。

（3）签订合同时商品的单价不得低于出口许可证允许的单价。

（4）出口许可证实行"一批一证"制，每一份出口许可证有效期自发证日起最长不超过三个月，在有效期内只能报关一次。

某些特殊商品不实行"一批一证"制，这些商品的出口许可证有效期最长为六个月，允许多次报关使用，但最多不能超过 12 次，由海关逐批签注出运数。

> 出口许可证一般不能跨年度使用，其有效期最迟到当年 12 月 31 日。如需跨年度使用，出口企业须向原发证机关换证，该证的有效期最迟只能延续至下一年的二月底，并不得再延。

（5）出口许可证应由出口企业或单位根据分级管理的原则，分级申请，于货物装运前向签证机关提出书面申请，经签证机关审核，符合有关规定，手续完备的，三个工作日内即可予以签发。委托代理出口的，由接受代理的单位申领出口许可证。

（6）出口许可证一经签发，出口单位需变更许可证内容时必须到原发证机关换证，并应在原出口许可证和合同有效期内进行，任何涂改或伪报，都要追究责任。

（三）提交申报

"出口许可证申请表"填写好后，要盖上公章，然后连同出口合同复印件一份及相应的资料，向有权签发该商品出口许可证的机关提交申报手续。经审核符合要求的，由发证机关将申请表各项内容输入计算机。

（四）领证

发证机关在申请表送交后的三个工作日内，签发《中华人民共和国出口许可证》，一式四联，将第一、二、三联交领证人，凭以向海关办理货物出口报关和银行结汇手续。同时，办证收取一定的费用，外贸企业要在三个工作日内去交费、领证。

第三节　办理原产地证书

据我国的相关规定，企业最迟于货物报关出运前三天向签证机构申请办理原产地证书，所以外贸业务人员要及时申领原产地证书。

一、原产地证书的种类

我国的原产地证书主要分为三大类——非优惠原产地证书、优惠原产地证书和专用原产地证书。

（一）非优惠原产地证书

非优惠原产地证书俗称一般原产地证书或普通原产地证书，英文名称为 Certificate of origin，简称 C/O 或 CO。签发这种证书的通常是中东、非洲、东南亚、中南美洲等地的国家。

（二）优惠原产地证书

优惠原产地证书包括绝大多数发达国家给予我国的普惠制待遇（FORMA 证书），以及中国与一些国家或地区签订有双边或多边优惠贸易协定的（FORMB 证书，FORME 证书，FORMF 证书，FORMP 证书，FORMN 证书，FORMX 证书等）。优惠原产地证书一般由各地出入境检验检疫机构签发。

（1）普惠制原产地证书（FORMA 证书）。

可签发 FORMA 证书的国家为英国、法国、德国、意大利、荷兰、卢森堡、比利时、爱尔兰、丹麦、希腊、西班牙、葡萄牙、奥地利、瑞典、芬兰、波兰、匈牙利、捷克、斯洛伐克、斯洛文尼亚、爱沙尼亚、拉脱维亚、立陶宛、塞浦路斯、马耳他、保加利亚、罗马尼亚、瑞士、列支敦士登、挪威、俄罗斯、白俄罗斯、乌克兰、哈萨克斯坦、日本、澳大利亚、新西兰、加拿大、土耳其共 39 个，不包括美国。

（2）《亚太贸易协定》原产地证书（FORMB 证书）。

可签发 FORMB 证书的国家为中国、印度、斯里兰卡、孟加拉国、老挝和韩国。

（3）中国 - 东盟自由贸易区原产地证书（FORME 证书）。

可签发 FORME 证书的国家为中国、老挝、越南、泰国、缅甸、柬埔寨、菲律宾、文莱、印度尼西亚、马来西亚和新加坡。

（4）中国 - 巴基斯坦自由贸易区原产地证书（FORMP 证书）。

中国产品出口到巴基斯坦，中国出口商向各地出入境检验检疫机构申请签发 FORMP 证书，巴基斯坦给予 FORMP 证书项下货物关税优惠待遇；巴基斯坦产品出口到中国，巴基斯坦出口商向巴基斯坦有关部门申请签发 FORMP 证书，中国给予 FORMP 证书项下货物关税优惠待遇。这是互惠的（跟 FROMA 的单边给惠有根本区别）。

以下 FORMF、FORMN、FORMX、FORMS 等证书同理，都是互惠的优惠原产地证书。

（5）中国－智利自由贸易区原产地证书（FORMF 证书）。

（6）中国－新西兰自由贸易区原产地证书（FORMN 证书）。

（7）中国－新加坡自由贸易区优惠原产地证书（FORMX 证书）。

（8）中国－瑞士自由贸易协定原产地证明书（FORMS 证书）。

（9）中国－秘鲁自由贸易区优惠原产地证书（中国－秘鲁 FTA 证书）。

（10）中国－哥斯达黎加自由贸易区优惠原产地证书（FORML 证书）。

（11）中国－韩国自由贸易协定原产地证书（FORMK 证书）。

（三）专用原产地证书

专用原产地证书是专门针对一些特殊行业的特殊产品，比如农产品、葡萄酒、烟草、奶酪制品、毛坯钻石等，根据进出口监管的特殊需要而产生的原产地证书。这些特殊行业的特殊产品应符合一定的原产地规则才能合法进出口。

专用原产地证书的签证依据为中国政府与外国政府所签订的双边或多边协议。专用原产地证书主要有：

（1）《输欧盟农产品原产地证书》。

（2）《烟草真实性证书》。

（3）《金伯利进程国际证书》。

（4）《手工制品原产地证书》。

（5）《原产地标记证书》。

（6）各种原产地命名证书如《奶酪制品证书》《托考伊葡萄酒原产地名称证书》等。

二、原产地证书企业注册登记

外贸企业要办理原产地证书必须先进行注册登记。

所有向出入境检验检疫局申请签发原产地证书的单位必须先在出入境检验检疫局注册登记，经审核，被确认具有申请资格者，才能按正常程序申请签发原产地证书。

（一）注册登记流程

办理原产地证书企业注册登记流程如下：

先上网登入检验检疫局网站—检务大厅—产地证管理—点击"原产地证注册登记"—

下载相关表格—到检验检疫局检务大厅窗口提交资料—检验检疫局审核和实地调查—注册登记。

1. 须提交资料

（1）企业法人营业执照原件和加盖公章的复印件。

（2）组织机构代码原件和加盖公章的复印件。

（3）进出口企业资格证书或对外贸易经营者备案登记表的原件和加盖公章的复印件（仅指拥有进出口经营权的生产加工企业）。

（4）填制完整的《产地证注册登记表》。

2. 实地调查

（1）生产加工企业须填写《出口产品加工工序及成分明细表》，提供生产过程中所使用的所有原辅料的采购发票复印件，并安排检验检疫机构人员进行实地调查。

（2）《出口产品加工工序及成分明细单》按每一不同系列产品各选择一个主要规格产品填写一份。成本计算按照每一单位的产品计算，填写制造一件（或套）该产品所用到的各种原辅料的费用，但包装材料的费用不需列出，全部以人民币计算，单位用料价值 = 单价 × 单位用料。

（二）企业备案等级内容变更

（1）已在检验检疫机构备案的企业，如发生备案内容变动等情况，应办理企业备案登记内容变更手续，提供《原产地证备案等级内容变更表》。

（2）企业在备案登记后，如新增其他产品，还须提供相应产品的《出口产品加工工序及成分明细单》。

（三）注意事项

（1）在首批货物从生产企业出货前至少 1 个星期提出申请。

（2）上述表格可到出入境检验检疫局网站上下载。

三、原产地证书的申领与签发

企业经注册登记后，其授权及委派的手签员和申领员应接受相关机构的业务培训，并由申领员前往签证机构申领。

（一）原产地证书的申领

1. 申领时间

企业最迟于货物报关出运前三天向签证机构申请办理原产地证书。

签发机构通常不接受货物出运后才递交的申办原产地证书申请，但如遇特殊情况，签发机构可接受迟交的申请书，并酌情办理补证。在此情况下，申请单位递交原产地证明书和申请书时，必须提交下列证明书：

（1）解释迟交申请书原因的函件；

（2）商业发票及提单、报关单。

货物出运后申请原产地证，证书第十一栏应为实际申请日期和签发日期，签证机构须在证书第五栏加注英文"ISSUED RETROSPECTIVELY"（后发）印章。

2. 申领时需预备的资料

申请原产地证书时，申请人需提交以下文件资料。

（1）《普惠制原产地证明书申请书》或《一般原产地证明书申请书》一份，申请书需盖申请单位公章。

（2）缮制完整的《普惠制原产地证书》或《一般原产地证书》一套，证书需签字、盖章。签字人员应是取得原产地证书申领资格的人员。

（3）正式出口商业发票副本一份，发票需盖章，并应注明包装、数量、毛重，否则还需另附装箱单。

（4）含有进口成分的商品，需提供《含进口成分商品成本明细单》。

（5）后发证书，需提供提单。

（6）如有必要，还需提供合同、信用证等其他有关的单据。

（二）签发

签发机构接受企业在网上申领原产地证书，企业可通过系统输入发票、原产地证书等相关原始资料或数据，在保存并发送后，系统能够根据原产地证书规则即时校验，将原产地证书的申领发送到贸促会进行审证，并将审核结果回送到企业端显现。签发机构将及时签发经网上审核合格的原产地证书。

第三章

出口运输环节业务跟进

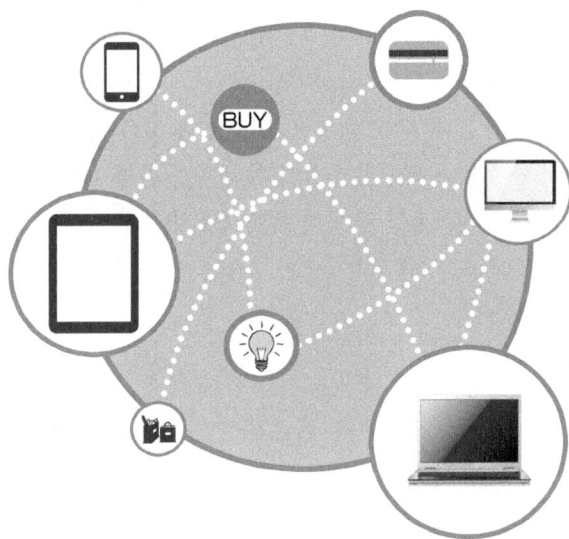

　　外贸业务人员在确认可以出货的前提下，将情况告知客户，让其指定验货公司验货。验货合格后，向货代订舱，安排出货。同时，要建议与跟催买方办理国际货运保险。这一环节的工作比较烦琐，若要货物顺顺利利地在合同规定的交货期内交运，外贸业务人员有必要耐心、细致地跟踪好每项业务。

第一节　必知必会的运输方式

国际贸易中的运输方式包括海洋运输、铁路运输、航空运输、邮政运输、江河运输、管道运输、集装箱运输和多式联运等。针对我国目前普遍采用的几种运输形式，以下主要介绍海洋运输、铁路运输、航空运输、集装箱运输和多式联运。

一、海洋运输

目前我国进出口货物主要采用海洋运输。海洋运输（Ocean Transportation）简称海运，它是利用货船在国内外港口之间通过一定的航线和航区进行货物运输的一种运输方式。

（一）海洋运输的特点

海洋运输的特点是：

（1）通过能力大；

（2）运量大；

（3）运费低；

（4）航行速度较慢；

（5）易受自然条件的影响。

（二）适宜货物范围

各类大宗交易货物、集装箱装货物、吨位较重货物。

（三）海洋运输的船舶

海洋运输的船舶分为班轮和租船。

1. 班轮运输（定期船运输）

班轮运输指按固定的航线和预先规定的时间表航行，沿途停靠若干固定的港口，从事这些港口的货运业务,并按事先公布的费率收取运费的船舶运输方式。

2. 租船运输

租船运输方式主要包括定程租船和定期租船两种,无论是按航程租船还是按期限租船,船、租双方都要签订租船合同,以明确双方的权利和义务。

当交易的数量少,不够装一船货,一般采用预订班轮舱位的办法。班轮运输中的各种费用,如运费、装船费、卸船费,都按班轮公司固定的计收标准收取。若交易数量大,需整船运输,可以包租船舶。包租船舶分为程租船和期租船两种。对于分批装运的长期合同货物的运输,可按一定的期限租船,称为定期租船或者期租船。对于运输量不大的贸易公司,可使用程租船。只要航行完一个航次,就可将全部货物发运完毕,即按航程租船。租船运输的价格是随行市的变化而波动的,需船方和租方协商决定。

二、铁路运输

铁路运输(Rail Transport)是一种仅次于海洋运输的主要运输方式,海洋运输的进出口货物,也大多是靠铁路进行货物的集中和分散的。

(一)铁路运输的特点

铁路运输的特点如下所示。

(1)铁路运输的准确性和连续性强。铁路运输几乎不受气候影响,一年四季可以不分昼夜地进行定期的、有规律的、准确的运转。

(2)铁路运输速度比较快。铁路货运速度每昼夜可达几百千米,一般货车的速度可达100 km/h左右,远远高于海洋运输。

(3)运输量比较大。一列铁路货物列车一般能运送3 000t ~ 5 000t货物,远远高于航空运输和汽车运输。

(4)铁路运输成本较低。铁路运输费用仅为汽车运输费用的十几分之一到几分之一;运输耗油约是汽车运输的二十分之一。

(5)铁路运输安全可靠,风险远比海洋运输小。

(6)初期投资大。

(二)适宜货物范围

各类集装箱装货物、吨位较重货物、大宗交易货物。

三、航空运输

航空运输速度快，货物破损率小，最适合贵重物品、精密仪器、时令俏货或鲜活产品的出口运输。在我国大中城市一般都可以办理国际货物航空运输。航空运输可视出口货物量的多少使用包机运输或班机运输。办理航空运输应取得的单据是航空货运单。

四、集装箱运输或多式联运

集装箱运输是一种现代化的进出口运输方式。其优点是运输时间短，转运迅速，物损率和货差率低。

国际多式联运，是在集装箱运输的基础上产生和发展起来的一种综合性的连贯运输方式，它一般是以集装箱为媒介，把海、陆、空各种传统的单一运输方式有机地结合起来，组成一种国际的连贯运输。

（一）构成多式联运应具备的条件

（1）有一个多式联运合同，合同中明确规定多式联运经营人和托运人之间的权利、义务、责任和豁免。

（2）必须是国家间两种或两种以上不同运输方式的连贯运输。

（3）使用一份包括全程的多式联运单据，并由多式联运经营人对全程运输负总的责任。

（4）必须是全程单一运费率，其中包括全程各段运费的总和、经营管理费用和合理利润。

（二）多式联运的优点

开展多式联运是实现"门到门"运输的有效途径，它简化了手续，减少了中间环节，加快了货运速度，降低了运输成本，并提高了货运质量。

（三）开展多式联运应注意的事项

（1）要考虑货价和货物性质是否适宜装集装箱。

（2）要注意装运港和目的港有无集装箱航线，有无装卸及搬运集装箱的机械设备，铁路、公路沿途桥梁、隧道、涵洞的负荷能力如何。

（3）要确认装箱点和起运点能否办理海关手续。

外贸业务人员可以根据不同的贸易对象、不同的产品、不同的贸易时间，以及各种运输方式的特点，来选择最适合的国际贸易运输方式。

第二节　出货跟踪流程

外贸业务人员要经常跟进工厂订单的生产进度，在交货期前十多天，询问工厂是否可以按时交货。如可以，则准备向货代订舱，同时安排验货人员验货。验货合格后，跟单员要向货代订舱，并在规定的日期内安排出货。这一阶段的工作事项很多，为使货物顺利地在合同规定的交货期前交运，外贸业务人员要跟踪好每个生产、交货环节。

一、给客户发送发货装箱资料单

外贸业务人员应提前通知客户出货信息。外贸业务人员应制作"发货装箱资料单"（如表3-1所示）并将其发送给客户，通知客户此单产品可以出货。

表3-1　发货装箱资料单

客户名称		订单号	
货物名称		规格／型号	
数量		装箱数	
净重		毛重	
外箱尺寸		总体积	

一般而言，客户接到发货装箱资料单后，会通知出货日期、方式。

二、开具出货通知单

一般情况下，外贸企业只有在得到客户确认的书面文件之后才可以出货。客户在接到发货装箱资料单后，一般会通知出货的日期、方式，外贸业务人员如果有任何疑问，一定要询问清楚。外贸业务人员接到客户的通知后，即可开具出货通知单（如表 3-2 所示）、出厂申请单等票据，并联系运输公司。

表 3-2　出货通知单

通知日期：　　年　月　日　　　　　　　　　　　　　　　　单号：

客户名称			订单号码		
序号	品名	规格 / 型号	出货数量	单位	装货（出货）方式
是否需提供易损件　　是□　否□					
报关时间			柜号		
来柜时间			要求货柜离厂时间		
要求配合部门	□品管部　　□业务部　　□仓库				
相关部门 经理及签收					
业务经理意见及签名					

制表：　　　　　　　日期：　　　　　　　审批：　　　　　　　日期：

三、找一个好的货代（货运代理）

货代即货运代理，通过接受发货人的委托，以委托人的名义为其办理国际货运及相关业务并收取相应的报酬。

（一）收集货代信息

从事货运代理的公司很多，业务人员在选择货代前需要收集各种货代的信息，主要可通过以下途径进行：

（1）在网上发布信息，吸引相关的货代公司主动联系；

（2）登录各种外贸论坛如福步论坛，与论坛人员交流，了解各货代的优劣势；

（3）使用百度、雅虎等搜索引擎，输入关键词，了解货代信息；

（4）通过朋友的介绍了解货代信息。

（二）初步筛选货代

收集完货代的相关信息后，业务人员就要进行初步筛选，主要可从优势航线、航运价格和服务水平三方面进行考虑，具体要点如表3-3所示。

表3-3　货代的初步筛选要点

序号	考虑因素	要点
1	优势航线	了解各货代的主营航线，在这些主营航线上船次多、价格优惠、代理点多，服务相对有保障
2	航运价格	（1）比较不同货代的航运价格 （2）在进行比较时，要明确所报价格的组成 （3）尽量选择"All In"价（包括运费、杂费的总和）
3	服务水平	（1）主要了解货代是否掌握专业知识和具体的业务操作流程 （2）通过网络搜索、其他客户评价等形式了解货代的服务质量

相关链接

分辨货代收费

在选择货代时，要了解货代运费的构成，能分辨货代收费中哪些是合理的、哪些是巧立名目收取的。

1.运费的构成

货代运费除了纯粹的价格运费外，还包括各种杂费，这些杂费有些是船东收取的，有些是出货港/目的港码头收取的，还有些是货代自己巧立名目收取的。很多费用并没有明确的标准，非常灵活。除了向发货人收取外，有些费用还会向收货人（也就是我们的国外客户）收取。这就很容易产生两个陷阱：

（1）某些货代巧立名目多收费用；

（2）货代在收货人和发货人之间调节、转移部分费用。

2. 了解杂费

通常来说，常见的杂费主要包括以下几种：

（1）ORC：全称是 Origin Receiving Charge，即起运港码头附加费。

（2）DDC：全称是 Destination Delivery Charge，即目的港提货费。

（3）THC：全称是 Terminal Handling Charge，即码头操作（吊柜）费。

（4）BAF：全称是 Bunker Adjusted Factor，即燃油附加费，或称 FAF（Fuel Adjusted Factor）。

（5）CAF：全称是 Currency Adjustment Factor，即货币贬值附加费。

（6）DOC：全称是 Document，即文件费。

（7）PSS：全称是 Peak Season Surcharge，即旺季附加费。

（8）AMS（America Manifest System，美国舱单系统）附加费。美国自 2003 年起出于反恐需要，规定凡是运往美国的货物，船公司必须将货物资料通过 AMS 系统报美国海关。同样的，货代必须把货物资料如实报给船公司。货代因此向货主收取 AMS 附加费，通常为 25 美元/单～ 35 美元/单。

（9）ENS（Entry Summary Declaration，入境摘要报关单）相关费用。

ENS 适用的是欧洲海关提前舱单申报规则。自 2011 年 1 月 1 日起，欧盟将对前往或途经欧盟港口的所有货运强制执行"舱单提前申报"的规则。该规则适用于全部的欧盟成员国。

① ENS 提交方式。

针对所有进入欧盟的货物，企业必须向集装箱船挂靠的欧盟国家首个停靠港提交 ENS，而且必须在起运港装载前 24 小时之前提交。

② 需要申报 ENS 的货物种类。

需要申报 ENS 的货物种类包括所有进口到欧盟的货物，所有中转的货物（无论最终目的地是否属欧盟境内），所有过境的货物（如通过拖车、火车运到欧盟以外的国家），船上未卸货物（如货物到乌克兰，船舶在希腊停靠但不卸货）。总之，只要船先挂靠欧盟港口的所有目的港都必须申报 ENS。

③ ENS 申报数据。

申报 ENS 所需的信息与现有的提单确认件信息基本相同。不同的是 ENS 对地址、货物描述及任何所提供的号码的精确度要求更高。以下需特别注意。

◆ Shipper 即发货人（如有 EORI 号，请提供）：需提供完整公司名称，详细地址，电话传真，国家、城市及邮编。

◆ Consignee 即收货人（如有 EORI 号，请提供）：需提供完整公司名称，详细地址，电话传真，国家、城市及邮编。

◆ Notify 即通知人（"TO ORDER"提货单则必须提供通知人信息；如有 EORI 号，请提供）：需有完整公司名称，详细地址，国家、城市及邮编。且此通知人必须在欧洲国家。

AMS 数据就是在装船前 24 小时向美国海关申报的舱单数据，ENS 数据就是在装船前 24 小时向欧盟区海关申报的舱单数据。这些数据最终都是要显示在提单上的。

AMS，ENS 数据有误，一定要修改吗？

答案是必须修改。改单的费用一般是 500RMB+40USD。

以上这些费用收取项目会根据时间和航线不同而有所调整，但全行业基本固定，也就是说，要收都会收，如果其他都不收就某个货代列名目收取，那么就有问题，需要慎重考虑。

（三）选择合作的货代

通过对货代进行初步筛选后，业务人员就要与可能合作的几家货代进行商谈，并最终确定合作的货代。一般来说，在初步筛选时主要从航线、服务水平进行考虑，以确保能如期地交货。在最终选择时，主要考虑航运价格，所以要就价格与货代进行协商。

业务人员在协商价格时要从节省运费开支的角度出发，但也不能太过苛刻。具体应注意以下事项。

（1）由于货运淡旺季和油价的变动，会导致航运价格有所变动。因此在询问价格的时候，要告知其大致的出货时间，请货代告知可能的运费变动趋势。

（2）多询问几家货代了解实际趋势，并选择那些能够如实相告、提供合理建议的货代来合作。

（四）配合货代的工作

在确定好货代，谈好价格以后，业务人员要积极配合货代的工作，把运输安排得稳妥周详一些，只要条件允许，就提前安排相关工作，给货代足够的时间来进行后续的操作。一般来说，工作过程大致如下所示。

（1）向货代订舱。

（2）货代发送货物进仓通知。

（3）对于整柜货物，货代会安排集装箱拖车；对于拼柜货物，委托企业要按照货代进仓通知的指示将其按时送进指定仓库。

（4）业务人员要把报关资料（即报关所需的发票、装箱单、报关单及其他所需单证）及时交给货代，委托货代报关。如果是自己报关，则要按照货代规定的时限完成报关。

（5）报关装船的同时，与货代核对提单内容，把客户对提单的种种要求告诉货代，请货代按照要求制单。货代以最后确认的内容格式出具提单。

（6）船开后，货代会核算、告知所需费用，并出具运费发票，业务人员要及时付清费用，取得提单。

时间安排上则很有讲究，一般采取倒推计算方法，先确定最后期限，再根据操作步骤倒推计算时间。我们举例予以说明。

案例

出货相关时间安排

假设我们与客户拟定 8 月 18 日出货，运往澳大利亚的悉尼港口。注意并不是每天都有船开往悉尼的。开船航次通常会以周为单位，比如逢星期二、星期五有船。经查 18 日是星期四，之前最接近的航次是 16 日星期二的船。这样一来，16 日才是我们实际操作中的最后交货日（可能的话，最好安排提前的一个航次，比如 12 日星期五的船。这样即使届时发生延误没赶上船，我们也还可以改 16 日的航次，在期限内完成交货。否则就只能通过倒签提单解决了）。

如果确定乘 16 日的船，按照规定必须提前半天到一天截止装船，即行话中的"截放"，更须提前一两天完成报关装船事宜，行话称为"截关"。因此，一般情况下我们应在 14 日左右把货物运至码头并完成报关。而在本案例中，14 日逢星期日，稳妥起见，最好在上一个星期五即 12 日完成报关。考虑到订舱及安排拖车装柜所需时间，提前一个星期为宜。所以，9 日左右向货代订舱，12 日左右完成报关，16 日如期上船是本案例中比较稳妥的办法。可见，合同约定 18 日交货的，在实际操作中 9 日就要动手准备了。

业务人员了解了过程，基本上就理解了时间安排的惯例，即一般提前一个星期订舱，提前两天完成货物进仓和报关事宜。

其中需要格外注意的就是节假日和周末的影响。因为报关出运需要出口方、货代、码头、海关等几方操作，节假日和周末特别容易造成配合与联系上的脱节。尤其春节、劳动节、国庆节长假，是海运出货最容易出问题的时段，而一旦出问题就没法及时解决。因此在与客户订立合同的时候，最好避免在长假内出货。实在需要假期内出货的，则要提前完成相关机构的衔接工作，同时与货代、工厂之间保持密切联系，索要经手人的手机号码等应急联系方式，预先理顺操作环节，预计可能的意外并准备必要的应急预案。

四、租船、订舱

货物交付和运输过程之中，如货物的数量较大，可以洽租整船甚至多船来装运，这就是"租船"。如果货物量不大，则可以租赁部分舱位来装运，这就是"订舱"。当卖方备妥货物，收到国外开来的信用证，并且经过审核无误后，能否做到船货衔接，按合同及信用证规定的时间及时将货物运出，主要决定于租船、订舱这个环节。

（一）基本要求

租船、订舱的基本要求主要包括以下几点。

（1）根据合同中不同的价格条件，在具体租船、订舱时应遵循各自的要点，具体说明如图3-1所示。

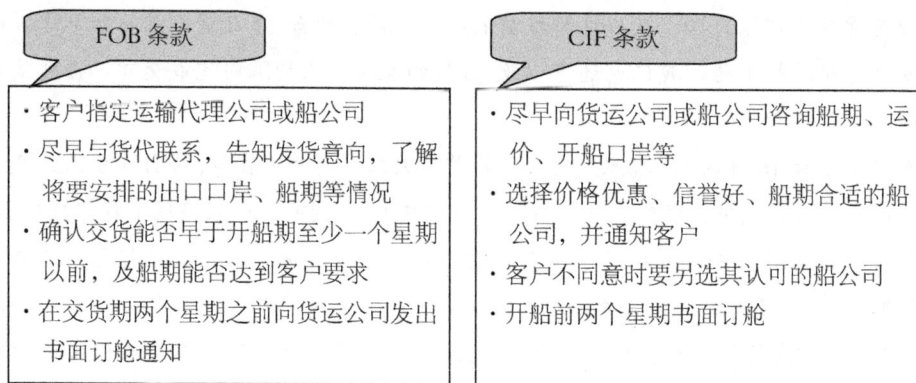

FOB条款
- 客户指定运输代理公司或船公司
- 尽早与货代联系，告知发货意向，了解将要安排的出口口岸、船期等情况
- 确认交货能否早于开船期至少一个星期以前，及船期能否达到客户要求
- 在交货期两个星期之前向货运公司发出书面订舱通知

CIF条款
- 尽早向货运公司或船公司咨询船期、运价、开船口岸等
- 选择价格优惠、信誉好、船期合适的船公司，并通知客户
- 客户不同意时要另选其认可的船公司
- 开船前两个星期书面订舱

图3-1 租船、订舱操作要点

（2）如果货物不够装满一个集装箱（集装箱是一种能反复使用的便于快递装卸的标准化货柜），需以散货的形式运输，应向货代公司订散货舱位。拿到入舱单后，还要了解货物截舱时间、货物入舱报关要求等内容。

（3）向运输公司订舱时，一定要发送书面订舱单，注明所订船名、船期、货柜类型及数量、装货港、目的港、货物名称、重量、体积、发货人及收货人信息等内容，以避免出现差错。

（二）租船、订舱程序

1.填写货物订舱委托书

发货人委托货运公司（船公司或货代）托运货物时，需填写货物订舱委托书（如表3-4所示）预订舱位。

表3-4　货物订舱委托书

**订舱时请务必清楚填写箱型、箱量、起运港、目的港、货品的中英文名称、货重、体积、运费、运输条款、截关期及所需配载船公司，并请签名及加盖公章。如有特别要求请在备注中写明。

Shipper (发货人)		SHIPPING ORDER		S/O :
Tel :　　　PIC:		公司 Logo	×× 国际货运代理有限公司 ×× Logistics Co., Ltd TEL: MAIL: Celina@XX.com.cn Monica@XX.com.cn	
Consignee (收货人)				
Notify party (通知人)		Sea Freight PREPAID ☐ COLLECT ☐	Service Type on Receiving and Delivery CY－CY ☐　CFS－CFS ☐ CY－CFS ☐　CFS－CY ☐	
Pre-Carriage by (前程运输)	Place of receipt (收货地点)	Reefer temp. required (冷藏温度)	Seahonest Ref.	
Ocean Vessel / Voy. No.(船名/航次) 订舱时此处写截关时间	Port of loading (装货港)	℃　　　℉		
		提单类型：　船东单	FCL or LCL (整箱货/散货)	
Port of discharge (卸货港)	Place of delivery (交货地)	电放单 Seaway Bill	此处填柜型及柜量	
PARTICULARS FURNISHED BY SHIPPER－CARRIER NOT RESPONSIBLE (托运人填写)				
Marks and numbers (标记与号码)	No. of ctns/pkgs (箱数或件数)	Kind of packages : description of goods (包装种类与货名)	Gross weight (kgs) (毛重/公斤)	Measurement (cbm) (尺码/立方米)

113

（续表）

OCEAN FREIGHT		
B/L Type HBL or MBL		Signature & Chop by Shipper （托运人签名及盖章）
Trucking Arrangement（拖车安排） （若由我司安排拖车，请填写装柜时间，地点，联系人，电话，报关方式）		托运人声明：我司托运的货物名称及重量为真实的，如因虚报或瞒报 产生的一切连带责任及后果将由我公司全部承担！ Person in Charge（经办人） Date（托运日期）:

发货人根据贸易合同和信用证条款内容填制货物订舱委托书，委托船公司或货代办理货物托运。船公司或货代依据订舱委托书内容，并结合船舶的航线、装货港、目的港、船期和舱位等条件预订船期及舱位，并将装货单（Shipping Order, S/O，俗称落货纸或出仓纸）发给发货人，让其及时安排拖车公司将货物运输到指定地点。

订舱委托书的制作要求如表3-5所示。

表3-5　订舱委托书的制作要求

序号	项目	填写要求
1	目的港	名称须明确具体，并与信用证描述一致，如有同名港，须在港口名称后注明国家、地区或州、城市。如信用证规定的目的港为选择港（OPTIONAL PORTS），则应是同一航线上的、同一航次挂靠的基本港
2	运输编号	即委托书的编号。每个具有进出口权的托运人都有一个托运代号（通常也是商业发票号），以便核查和财务结算
3	货物名称	应根据货物的实际名称，用中英文两种文字填写，更重要的是要与信用证所列货名相符
4	标记及号码	又称唛头（SHIPPING MARK），是为了便于识别货物，防止错发货而在进出口货物的包装上所做的标记，通常由型号、图形、收货单位简称、目的港、件数或批号等组成
5	重量及尺码	重量的单位为千克，尺码的单位为立方米。托盘货要分别注明盘的重量、尺码以及货物本身的重量、尺码，对超长、超重、超高货物，应提供每一件货物的详细的体积（长、宽、高）以及重量，以便货运公司计算货物积载因素，安排特殊的装货设备

（续表）

序号	项目	填写要求
6	运费付款方式	一般有运费预付（FREIGHT PREPAID）和运费到付（FREIGHT COLLECT）。有的转运货物，一程运费预付，二程运费到付，要分别注明
7	可否转船、分批，以及装货期、有效期	均应按信用证或合同要求一一注明
8	通知人、收货人	根据贸易合同或信用证条款填写
9	有关的运输条款	关于订舱，如果客户有特殊要求也要一一列明

在实际贸易操作中，一般是船公司或货代给发货人发送正式的S/O，发货人在验货完成后把S/O传真给拖车行（S/O上注明拖柜时间、地点及联系电话等信息），用来制作相关运输单据。

2. 货运代理办理托运（以集装箱发货为例）

（1）货代接到货物订舱委托书后，根据和客户谈好的情况让船公司安排舱位。

（2）船公司发放S/O：船公司确认有舱并给货代发放S/O。S/O是货物提柜、装船的凭证。

（3）凭S/O提柜：货代拿到S/O后根据S/O的指示打单，并去指定地点提柜。

（4）货代提柜后，将其运至工厂装货，当货物装卸完毕后，关柜门、打铅封，并将铅封上的编号登记在还柜纸上。

注：封条其实就是一个由塑料或金属制成的锁头，是一次性的。

下面分别提供一份散货海运装货单据和整柜海运订舱单据的范本，供读者参考。

【范本】散货海运装货单据

散货海运装货单据

入外运仓进仓通知书					
订舱号：	SZXPIT3896560V	目的港：	PITTSBURGH	目的国：	美国
外运代码：	TJHX（不能修改）		预约号：		01609266
请送货前预约入仓时间：网上服务系统预约（通过预约号登录）：					
入仓时间电话自动语音预约：×××××					

（续）

货物名称（必填）	唛头	数量和包装	重量（KGS）	体积（CBM）	备注
请自行填写	请自行填写	10 CTNS	455	4.12	请如实申报货物重量，货名和目的港，否则后果自负！我司一律不收危险品，请知悉，谢谢！
截仓时间	2019-12-19 17:00	请于12月14日至截仓日期间送货，否则将产生仓租 RMB2/CBM/天，如需 LATE COME（延迟），请提前申请			

<table>
<tr><td colspan="6" align="center">如实申报及非危险品申明</td></tr>
</table>

　　我方承诺上述货物名称、唛头、尺码、重量等相关信息与实际货物一致，不存在虚报和隐瞒的情况；承诺并保证办理入仓货物为一般物品，非易燃、非易爆、非腐蚀性、非有毒有害物质、非氧化剂、非麻醉品、非精神性药品、无放射性，亦非用于制造化学武器的原料，不属于《国际海运危险货物规则》（IMDG Code）和国家标准《危险货物品名表》（GB 12268—2012）所列之危险品；亦非外运仓公告禁止入仓货物。以上申报俱属实，因此货物存储运输产生的一切后果，由我方承担全部责任。

送货人签名：　　　　　　联系电话：

发货方签章：　　　　　　日期：＿＿＿年＿＿月＿＿日

<table>
<tr><td colspan="6" align="center">入仓注意事项</td></tr>
</table>

　　1.入仓程序。承运车辆到仓库后，送货人凭此单直接到操作中心大厅1～6号窗口办理卸货登记手续，然后凭指示交单卸货。

　　2.收费标准。按80元/PO号/车的标准收取进仓登记费，进仓登记费及其他所有收费均开具正式发票。

　　3.收货时间。星期一8:30至星期六19点，期间24小时收货，星期日8:30至17:30，星期六只收取转关货物，周日只收取清关货物。如遇节假日另行通知。

　　4.货物要求。（1）禁止入仓货物：《国际海运危险货物规则》（IMDG Code）和国家标准《危险货物品名表》（GB 12268—2012）所列之危险品；裸装货物或货物包装不适合存储和运输；单件货物重量超过5吨（含5吨）；货物外包装单边长度超过4米（含4米）；仓库公告列明的禁止入仓货物。（2）限制入仓货物：包装无唛货物或单票货物超过五种唛头（现场收费贴唛）；易碎品（如玻璃、石材等）外包装为纸箱或单边长度超2米或单件重量超1.5吨（需办理入仓审批手续，提供货物尺寸、图片和保函）;单边宽度小于50厘米必须打三加形支撑架使之成为独立的牢固包装的货物。化工产品、粉状、液体及膏状货物（办理审批手续，提交MSDS和保函）。（3）我司不接受变频器、电池组、胶水、腐蚀品、易燃易爆等危险物品及易腐烂物品入仓。

　　5.货物名称、重量等数据务必真实准确，否则由此造成的报关延误等问题由送货人自行负责。

　　6.由于海关加强对报关单申报件数的审核力度，按照申报规范要求，报关件数必以货物的最小包装申报，所以对于打托或者木箱等包装的货物必须与客户核实是否含纸箱包装，若是含有纸箱，必须以纸箱件数进行申报，对于客户不按照纸箱申报造成退单的，由客户自行承担责任。

（续）

入仓报关单证要求			
清关报关资料要求及说明			转关报关资料要求及说明
1. 销售合同	一份，盖公章，中文	装箱单、发票、合同中必须填写中文货品名，否则会罚款	1. 司机本、司机纸、报关单原件和复印件
2. 品牌申明书	一份，盖公章，中文		2. 存出仓委托书，填写完整并盖公章
3. 装箱单	一份，盖公章，中文		3. 装箱单，列明项数、毛净重，并提供 PO 号与报关单申报货物一一对应的列表
4. 发票	一份，盖公章，中文		
5. 报关单	一份，盖公章（电脑打印）	装箱单、发票、合同中必须填写中文货品名，否则会罚款	4. 转关车必须在下午 3:00 之前进仓，方可出司机本
6. 报关委托书	一式三联，盖公章		5. 其他报关单证填写内容注意事项
7. 存出仓委托书	一份，盖公章		6. 出口口岸： 运输方式： 备注栏：

7. 根据海关申报规范的要求，出口商品申报要素都要上网查询。各个海关的查询网址不同，此处略。

8. 加盖公章的经营单位营业执照复印件和《中华人民共和国海关进出口货物收发货人报关注册登记证书》复印件。

9. 其他要求：视货物而定需提供相应商检/许可证文件；请在报关单备注栏注明是否退税；上述文件中的报关资料除代理报关委托书外，销售合同、装箱单、发票、报关单和存出仓委托书必须为电脑打印件，不可手写。

10. 如果一份报关单的货值超过 5 万美元，需要提供如下文件：（1）营业执照复印件；（2）税务登记证明；（3）增值税发票（进出口专用发票）；（4）货物中文说明书（附照片）。以上资料需加盖经营单位公章。所有资料齐备后，需交外运仓部门主管（报关金额 50 000 元至 100 000 元）或经理（报关金额 100 000 元及以上）签名后，方可递单申报。

外运仓库详细地址：（略）

路线一：（略）

（续）

路线二：（略）
路线三：（略）

*报关资料递交地址：（略）
报关资料联系我司驻仓员：（略）

【范本】整柜海运订舱单据

整柜海运订舱单据

×× 集装箱运输（香港）代理有限公司

×× Container Lines (Hong Kong) Agency Co., Ltd.

订舱确认

FROM：   Date：2019−12−30

Tel.：   Fax：   CONTRACT No.：

SHIPPER：   Fax：

ATTN：

船名／航次：

定仓号：CWNMIT100392   TERM：CYCY

柜型／柜量：1×20GP   其他：付款地—香港

货名：FURNITURE   货类：普通货

卸货港：MANZANILLO, PANAMA

目的港：MANZANILLO, PANAMA

特殊要求：

还柜地：   打单地点：

提空柜／开舱时间：2020−01−01   文件截止时间：2020−01−02 16:00

截柜时间：2020−01−06 08:00   截放行条时间：2020−01−06 12:00

备注：（1）是否含木包装：   （2）是否需要杀虫：

文件补料 FAX：

仅接受客户补料至公共邮箱，并在邮件主题上标注订舱号和船名。

收到本确认单后请仔细核对以上内容。

（续）

注意事项
注意：拖车公司必须在本单上盖公司或业务章 ××集运盐田办公室： FAX： Tel.： 联系人： ××集运蛇口码头操作部（××打单点）： Tel.： 联系人： 文件补料内容和超重附加费及特种柜免费期和收费标准详见我司网页（略）。 对于不如实申报货重的客户，我司将会加收罚款。 注： （1）请于船期指定限期内完成准确提单补料提交工作，否则产生的费用和引起的任何责任由托运人承担； （2）40HQ开仓期由船到前7日起计； （3）如需我公司协助，请与上述客户服务人员联系； （4）如需拖车，请填写拖车单并联系：（略）； （5）如需海铁联运安排，请联系：（略）。   货运代理机构接受发货人托运委托后，即可向承运单位或其货运代理办理租船、订舱业务。待承运人（船公司）或其代理人签发装货单后，货运代理机构填制显示船名、航次和提单号码的提单，连同装货单、收货单一起交付出口企业，托运工作即告完成。
特别提示
办理订舱手续时，力求准确无误，尽量避免加载（增加订舱数量）、退载和变载的情况发生，以免影响承运人和船、货代理人以及港务部门的工作。

五、制作装箱单

    装箱单是发票的补充单据，它列明了信用证（或合同）中买卖双方约定的有关包装事宜，便于国外买方在货物到达目的港时供海关检查和核对货物。通常，外贸企业可以将其有关内容加列在商业发票上，但是在信用证有明确要求时，就必须严格按信用证约定制作。

（一）装箱单的格式

装箱单（Packing List）着重表现货物的包装情况，应包括出货的品名规格、数量、箱数、毛净重、包装尺码、总体积、箱号、唛头等。不同公司的装箱单，其格式也不一样。以下提供一个装箱单范本，供读者参考。

【范本】装箱单

PACKING LIST

装箱单

To Messrs: Date:

客户：   日期：

No. :   Invoice No.

装箱单号：   发票号：

S/C No.:

合同号/销售确认书号：

Shipping By:

运输方式：

FROM: TO:

从：   至：

MARKS & No. 唛头	DESCRIPTION 货物名称及规格	QUANTITY 数量	Case No. 箱数	N.W. 净重 （kg）	G.W. 毛重 （kg）	MEASUR-EMENT 外箱尺寸	CBM 体积 （m³）
TOTAL AMOUNT:							

Signature :

（二）装箱单的内容和缮制要点

装箱单的内容和缮制要点如表3-6所示。

表 3-6　装箱单的内容和缮制要点

序号	内容名称	缮制要点
1	装箱单名称（Packing List）	应按照信用证规定使用。通常用"Packing List""Packing Specification""Detailed Packing List"。如果来证要求用中性包装单（Neutral Packing List），则包装单名称打"Packing List"，但包装单内不打卖方名称，不能签章
2	编号（No.）	编号与发票号码一致
3	合同号或销售确认书号（Contract No./ Sales Confirmation No.）	注明此批货物的合同号或者销售确认书号
4	唛头（Shipping Mark）	唛头与发票一致，有的注明实际唛头，有时也可以只注"as per invoice No. ××"；若没有唛头可注"N/M"
5	箱号（Case No.）	箱号又称包装件号码。在单位包装货量或品种不固定的情况下，需注明每个包装件内的包装情况，因此包装件应编号
6	商品名称（Name of Commodity）	与发票内容一致
7	货物描述（Description & Specification）	要求与发票一致。货名如有总称，应先注总称，然后逐项列明详细货名。与第5项、6项栏对应逐一注明每一包装件的货名、规格、品种
8	数量（Quantity）	应注明此箱内每件货物的包装件数。例如，"bag 10""drum 20""bale 50"，在合计栏注明合计件数
9	毛重（Gross Weight）	注明每个包装件的毛重和此包装件内不同规格、品种、花色货物各自的总毛重，最后在合计栏中注明总货量。信用证或合同未要求，不注也可。如为"Detailed Packing List"，则此处应逐项列明
10	净重（Net Weight）	注明每个包装件的净重和此包装件内不同规格、品种、花色货物各自的总净重，最后在合计栏中注明总货量。信用证或合同未要求，不注也可。如为"Detailed Packing List"，则此处应逐项列明
11	箱外尺寸（Measurement）	注明每个包装件的尺寸

序号	内容名称	缮制要点
12	体积（CBM）	注明每个包装件的体积，单位一般是立方米
13	合计（Sub Total）	此栏对箱号、数量、毛重、净重等栏进行合计。以英文大写标明总包装数量，必须与数字表示的包装数量一致。如：FOUR THOUSAND FOUR HUNDRED CARTONS ONLY
14	出票人签章（Signature）	由出口公司的法人代表或者经办制单人员代表公司在装箱单右下方签名。上方空白栏填写公司英文名称，下方则填写公司法人英文名称

装箱单每项内容的填写一定要准确无误，特别是品名、件数、数量、重量等，一定要与实物一致。否则，一旦被国外海关查实，轻则以走私货罚没，重则要追究刑事责任。

（三）装箱单缮制中的注意事项

（1）有的出口公司将两种单据的名称印在一起，当来证仅要求出具其中一种时，应将另外一种单据的名称删去。单据的名称必须与来证要求相符。如信用证规定为"Weight Memo"，则单据名称不能用"Weight List"。

（2）单据的各项内容应与发票和其他单据的内容一致。如装箱单上的总件数和重量单上的总重量应与发票、提单上的总件数或总重量一致。

（3）包装单所列的情况应与货物的包装内容完全相符。

（4）如来证要求提供"中性包装清单"（Neutral Packing List），应由第三方填制，不要注明受益人的名称。这是由于进口商在转让单据时，不愿将原始出口商暴露给其买主，所以才要求出口商出具中性单据。如来证要求用"空白纸张"（Plain Paper）填制这两种单据，在单据内一般不要表现出受益人及开证行名称，也不要加盖任何签章。

六、排柜

排柜的目的是尽量降低海运费。例如，20英尺柜和40英尺柜都可以装下一批货物，企业一般会选择20英尺柜，因为20英尺柜的各项费用肯定比40英尺柜低；另外一种情况就是客户订单里的产品规格、型号比较多，尺寸也不一样，所以，需要经过仔细计算，使装货数量尽量多，通常的做法是选择最经济、最合适的柜型，装尽可能多的数量。

（一）了解货柜尺寸

货柜共分两种规格，40英尺和20英尺两种，20英尺柜的外尺寸为20英尺×8英尺×8英尺6英寸[①]；40英尺柜的外尺寸为40英尺×8英尺×8英尺6英寸。此外40英尺柜及20英尺柜还分高柜及一般柜。表3-7是常用集装箱尺寸基本情况一览表。

表3-7 常用集装箱尺寸基本情况一览表

序号	柜型	内尺寸	配货毛重	体积
1	20英尺柜	5.89米×2.35米×2.39米	28吨	24～28立方米
2	40英尺柜	12.03米×2.35米×2.39米	26吨	58立方米
3	40英尺高柜	12.03米×2.35米×2.69米	28吨	68立方米
4	40英尺高冻柜	11.58米×2.29米×2.50米	28吨	67立方米
5	20英尺开顶柜	5.89米×2.32米×2.31米	28吨	28立方米
6	40英尺开顶柜	12.01米×2.33米×2.35米	26吨	67立方米
7	20英尺平底货柜	5.63米×2.23米×2.21米	28吨	—
8	40英尺平底货柜	12.05米×2.12米×1.96米	40吨	—
9	45英尺高柜	13.58米×2.34米×2.71米	一般29吨	78立方米

注：20英尺和40英尺平底货柜属于特装柜，在实际操作中，一般以其实际承运货物的重量来确定其体积，但是，所装货物的重量与体积均不能超过集装箱容量的量大数值（即理论数值）。

（二）排柜方法

各种排柜尺寸不一，业务人员在做具体安排时应注意以下技巧。

（1）在计算货物外箱体积的时候，在外箱实际尺寸的基础上长、宽、高各加1厘米算单个外箱的体积。

（2）20英尺柜一般是24～28立方米，不要超过28立方米，40英尺柜体积的安全上限是58立方米，45英尺高柜体积上限是78立方米。这里所说的上限是实际能装的体积，并不

[①] 1英尺等于0.3048米，一英寸等于0.0254米。余同。

是柜子内部的空间体积，因为装柜时有浪费，很难100%地利用空间。

（3）每类柜子的重量也是有限制的，货物的毛重不能超过其限制，尤其要考虑有些国家的相关规定。

（4）要尊重客户的要求，如唛头朝柜门口、同一个款号要堆放在一起等。

（5）要考虑到海关查验的需要。

案例

如何正确排柜

某工厂有一批需要排柜的货物，要用一种滑托板打包装，箱子的尺寸是56厘米×30厘米×40厘米，总共有610箱。客户要求高度不能超过1.2米。现订购滑托板的尺寸是112厘米×90厘米，堆两层，高度是800毫米。每个滑托板装12个箱子，大概需要51个滑托板。如果准备装40英尺柜，那么按照以下的排柜方法可有效地利用空间。

（1）堆两层。第一层每托3层高，共18箱一托，第二层每托2层高，共12箱一托。总高度是0.4×3+0.8=2米。

（2）排两列，每托的宽度是0.9米，共1.8米宽。

（3）每列排10行，共11.2米长。

第一层：放20托×18箱=360箱。

第二层：放20托×12箱=240箱。合计600箱，余下的10箱可以放在空隙里。

（三）统计货柜安排

对于排柜情况，应以表格形式列明，并将该表格交给工厂，以便其做好相应准备。以下是一份货柜安排情况表的范本，供读者参考。

货柜安排情况表

客户名：　　　　　　　　　　　　　　　　　　订单号：

货柜类型：　　　　　　　　　　　　　　　　　　到厂日期：

序号	型号/规格	每箱产品数量	箱数	体积

七、出口商品出厂前检验

出口商品出厂前的检验，主要分为生产检验、验收检验和第三方检验。要确保出口商品的质量，外贸业务人员必须做好出厂前的检验。

（一）生产检验

生产检验又称第一方检验、卖方检验，是由生产企业或其主管部门自行设立的检验机构，对所属企业进行原材料、半成品和成品产品的自检活动。生产检验的目的是及时发现不合格产品，保证质量，维护企业信誉。如果是自己加工的企业，外贸业务人员要在平时做好跟踪工作。如果是代理加工，外贸业务人员则要在前期注重对加工工厂的选择，应选择信誉较好的工厂代加工。

（二）验收检验

验收检验又称第二方检验、买方检验，是由商品的买方为了维护自身及其客户利益，保证所购商品符合标准或合同要求所进行的检验活动。目的是及时发现问题，反馈质量信息，促使卖方纠正或改进商品质量。外贸企业应常派"驻厂员"，对商品质量形成的全过程进行监控，对发现的问题，及时要求生产方解决。

（三）第三方检验

第三方检验又称公正检验、法定检验，是由处于买卖利益之外的第三方（如专职监督检验机构），以公正、权威的非当事人身份，根据有关法律、标准或合同所进行的商品检验活动，如公证鉴定、仲裁检验、国家质量监督检验等。目的是维护各方合法权益和国家权益，协调矛盾，促使商品交换活动的正常进行。

相关链接

如何选择第三方检验机构

出口贸易甚至国内产品交易，都离不开各种检验报告。不过，外贸业务人员往往无法判断哪一家质量检验机构正规，并能为自己的企业带来真正的帮助。

国内第三方检测机构并不少，但是真正具备实力、大型、正规的检验机构并不多。认证检验的费用有高有低，有些企业盲目选择费用低甚至可以出钱买报告的第三方检验机构，虽然可能暂时地降低了检验成本，但没有真正做到产品控制，在商业活动中难以保证产品顺利进入目标市场，被客户所接受，甚至因此而产生质量纠纷，处于被动地位。

那么如何选择正规的第三方检验机构呢？

1. 查看证书

如同招聘时挑选人才，先看学历，对检验机构的挑选也一样，应查看其具备的证书。检验机构必须有国家 CNAS 授权。没有国家 CNAS 授权的检测机构出具的 CE 证书权威性很低，甚至有可能导致在海关清不了关。企业可以根据检测机构提供的授权编号到国家 CNAS 网上查询其真伪性。

2. 硬件设备

很多产品的质量检测无法在办公室甚至小工厂进行。为了保证产品质量检测的准确性，其使用的仪器设备必须是专业和正规的。检验机构的综合实力及设施是企业进行选择的重要标志之一。

3. 软件

第三方检验机构毕竟是服务性质的，如果没有良好的服务和专业的知识技能，即使前两条再符合，也非"良人"。一个好的检验机构，懂得客户的交易方所在地对产品检测的要求，拥有海量的信息，能够及时把握质量变化方向。只有这样才能使选择的第三方检验机构成为贸易中的助力。

4. 邮箱

查看检验机构的联系邮箱是否有其自身独有的后缀名，一般比较有实力的公司其邮箱 @ 后面的都是公司独特的后缀名。

（四）填写检验单

外贸业务人员在对出口商品进行出厂检验后，需要填写"出口商品出厂检验单"，如表 3-8 所示。

表 3-8　出口商品出厂检验单

品名 / 规格		数量 / 重量	
合同 / 信用证号		生产日期	
批号		包装生产厂代号	
货物状况：货存_____，用_____包装 包装情况：		唛头	
检验依据：		N/M	
抽样情况：按_____标准随机抽取代表性样品_____件。			
检验项目： 检验结果： （本栏填不下可加附页并注明：详细结果见附页）			
评定意见：			
检验员		检验日期		审核	
质量声明：我公司保证遵守国家的有关法律法规，该批货物的质量经本公司按照以上检验依据检验，符合标准要求，厂检结果完全属实。如出现问题，本公司承担一切责任。特此声明。			
检验检疫审核		审核日期		检验检疫审批	

八、接待客户或第三方验货

在交货期前一周，要通知客户验货。如果客户要自己或指定验货人员来验货，要在交货期一周前，约客户查货并将查货日期告知生产部（或生产厂家）。如果客户指定由第三方验货公司或公正行等验货，要在交货期两周前与验货公司联系，预约验货时间，确保在交货期前安排好时间。

（一）准备工作

外贸业务人员在验货前要做好以下准备工作。

1. 了解验货标准

如果合同规定客户验货或第三方验货，则在订货后，业务人员就应要求客户或第三方验货公司提供一套验货标准。

2. 了解验货内容

业务人员只有了解验货内容才能做到心中有数，一般来说，验货内容主要包括以下方面。

（1）在正式验货前，询问订单的情况，如整批货物是否都已生产完成？如没有全部完成，那完成了多少？已打好包装的成品有多少？没完成的是否正在做？如货物正在生产中，验货人员可能要去查看生产过程。余数什么时候完成？对已完成的货物，验货人员会查看并记录堆放情况并点数（点箱数／卡板数）。注意，这些情况都会填写在验货报告中。

（2）用照相机拍下和核对外箱唛头和装箱情况，查看其是否与落货通知书要求相同，如果还没装箱，验货人员会询问工厂纸箱到位没有。如果已经到位，就算还没装箱，其也会先检查纸箱唛头、尺寸、纸箱的质量、清洁度和颜色等，但通常会让工厂先装一箱进行检查；如纸箱还没到，则会询问什么时候到。

（3）称货物的重量（毛重）和量度外箱的尺寸是否与所印的落货通知书符合。

（4）在验货报告上填写具体装箱资料，如多少只（个）入一内盒（中盒），多少只（个）入一外箱，写法为：50只／内盒，300只／外箱。还要检查纸箱是否已打包好，外箱是否用"工"字形封箱胶带上下封好。

（5）按照指示进行摔箱测试。

（6）抽样检查外箱是否有破损，检查内盒（中箱）是否是四页盒，内盒内的间格卡是否有杂色。

（7）检查产品有无破损。

（8）根据标准数量指示抽查货物。

（9）用照相机拍下货品情况包括不良品和在生产线上的情况。

（10）核对货品与菲林片和有关要求是否一致，如产品颜色、商标颜色和位置、大小、外观、产品表面处理效果、产品功能等。

（11）检查彩盒有无破损，有无折痕，印刷效果是否优良，是否和打样一致。

（12）检查货品是否使用全新原料，原料要无毒，油墨也要无毒。

（13）检查货品各零件是否装好、装到位，不可松动或脱落。

（14）检查货品功能是否正常，操作是否正常。

（15）检查货品有无披锋，不可有毛边利角。

（16）检查货品和纸箱（包括包装彩盒、纸卡、塑料袋、不干胶、气泡袋、说明书、发泡等）的清洁度。

（17）检查货品是否完好和在良好情况下存放。

（18）验货人员填写验货报告后，应告知不良品及其具体情况，然后让负责人签名并写上日期。

（二）接待并配合验货

外贸业务人员要提前通知相关部门将所验货品准备好，并派人协助搬运、开箱等工作。在实际验货时，要全程陪同跟踪，并回答验货人员的各种问题，确保验货正常进行。

（三）应对第三方验货人员的刁难

在生产产品之前，业务人员一定要与客户就相关的检验、技术达成一致，并形成文件，以防止第三方验货人员的刁难。

如果在实际验货时，第三方验货人员违背文件的规定，业务人员可以请他们在提出问题的样品上签字，留下证据。

九、安排拖柜

货物生产完成并验货通过后，外贸业务人员就可以委托拖车公司提柜、装柜，并注意以下事项。

（1）外贸业务人员应选择安全可靠、价格合理的拖车公司签订协议，长期合作，以确保安全及准时。

（2）外贸业务人员要给拖车公司发送以下资料：订舱确认书／放柜单、船公司名称、订舱号、拖柜委托书、装柜时间、柜型及数量、装柜地址、报关行及装船口岸等。

> 　　如果有验货公司监督装柜，外贸企业要专门声明其不能晚到，并要求回传一份上柜资料，列明柜号、车牌号、司机及联系电话等。

（3）外贸业务人员要给工厂发送一份装车资料，列明上柜时间、柜型、订舱号、订单号、车牌号以及司机的联系电话。

十、跟踪装柜

在货物装柜时，外贸业务人员要进行全程监督。

（一）装柜前的跟踪

外贸业务人员应在出货前一天通知有关人员并确定出货数量。在出货日应跟踪货柜车是否到厂。如果没到厂，应与船公司联系，询问具体情况，并且与货柜车司机联系询问其到厂的大概时间，以便通知工厂做好准备。

（二）协助装柜

外贸业务人员应协助生产部门安排好人员装柜。货柜到厂后，外贸业务人员要监装，指导货物的摆放。如果一个柜中装有几种货物，那么每一规格的货物都要留一两箱放在货柜尾部用于海关查货。

（三）填制提货单

待货物快装完时，外贸业务人员要为每一个货柜填制一份提货单，待装货完毕后要求货柜车司机签名确认；告诉司机报关地点、报关员联系电话。如果有报关资料，应请货柜车司机带给报关员，做好签收工作。

以下是一份提货单范本，供读者参考。

【范本】提货单

提货单

客户：　　　　　　　　　　订单号：　　　　　　　　　　日期：

序号	品名	产品代码	规格／型号	颜色	数量	箱数
总计						
货柜公司		货柜号码				
提货车牌		提货人				

业务主管：　　　　　　　　仓库：　　　　　　　　制单：

（四）通知放行

出货手续办理完毕后，工厂会通知保安放行。为确保安全，许多工厂都设置了保安人员，并制定了相关的物品出入管理制度与表单，任何人都必须遵守。所以外贸业务人员应将当日出货事宜告知保安人员，并填写相关放行条。

如果外贸业务人员没有去监装，货柜离开工厂后，外贸业务人员一定要让工厂尽快给业务部发送一份装货通知，列明货柜离厂时间、实际装货数量等，并记录集装箱号码和封条号码，作为制作提货单的资料，同时要求工厂在装柜后一定要贴上封条。

十一、出货反馈跟踪

（一）发出装运通知

货物装船后，外贸业务人员应及时向国外买方发出"装运通知"，以便对方准备付款、赎单，办理进口报关和接货手续。

装运通知的内容一般包括订单号或合同号、信用证号、货物名称、数量、总值、唛头、装运口岸、装运日期、船名及预计开航日期等。在实际业务中，外贸业务人员应根据信用证的要求和对客户的习惯做法，将上述项目在电文中适当地列明。

以下是一份装运通知范本，供读者参考。

【范本】装运通知

装运通知

SHIPPING ADVICE

Messrs：

Dear Sirs：

Re：Invoice No.

L/C No.

We hereby inform you that the goods under the above mentioned credit have shipped. The details of the shipment are as follows：

Commodity：

Quantity：

Amount：

Bill of Lading No. ：

Ocean Vessel：

Port of Loading：

Port of Destination：

Date of Shipment：

We hereby certify that the above content is true and correct.

Company name：

Address：   Signature：

（二）反馈运输状态信息

货物发出以后，业务人员应通过有效的反馈系统，掌握与货物相关的运输状态信息。这些信息主要有：

（1）运输安全与否，运输途中是否发生意外，安全保障状态如何；

（2）通关是否顺利，如果不顺利，需要采取哪些补救措施；

（3）运输效果如何，是否能够按预期的计划交给客户；

（4）其他不可控的必要信息，如台风、地震等。

（三）统计出货情况

外贸业务人员要统计订单的实际出货完成情况，落实未完成事项能够完成的具体日期，并把统计结果呈报责任部门和上级。

以下是一份出货统计表范本，供读者参考。

【范本】出货统计表

出货统计表

年　月　日

序号	订单号	客户	品名	规格/型号	数量	订单交期	实际出货日	备注

核准：　　　　　　审核：　　　　　　制表：

（四）客户收货追踪

货物运出工厂后，业务人员需将所出货物订单规格及数量等登记在客户出货追踪表内。司机要将具有接收者签名的货运单或入舱单签名回联带回，以便业务部门确认，必要时将此单发送给客户，表示货物已从工厂运出。

以下是一份客户出货追踪表范本，供读者参考。

【范本】客户出货追踪表

客户出货追踪表

订单号	客户名称	品名	规格	数量	出厂日期	装船日期	客户收到日期

在估计客户收到货物时，业务人员需将收货确认单交给客户，要求确认后签名盖章传回，表示已收到货物。

以下是一份收货确认单范本，供读者参考。

【范本】收货确认单

收货确认单

客户名称：

为尽量减少与贵公司在对账中不必要的麻烦，请确认以下表格中所列货物是否如数收到。如收到，请在客户签名盖章处签名盖章，并请回传，多谢合作！

订单号：

产品编号	产品名称	产品规格	数量	箱数	出厂时间	运输方式	到货时间

客户签名盖章：　　　　　　　审核：　　　　　　　制单：

（五）出货遗留事项处理

对于出货遗留及其变动事项，外贸业务人员需要进行彻底的处理，以确保达到出货目的。出货遗留事项处理主要包括统计订单的实际出货完成情况，落实未完成事项能够完成的具体日期，把统计结果呈报责任部门和上级，让其确认发货日期，以便做相应的验货、订舱等安排。

十二、获得运输文件

出货后业务人员要及时与船公司联系，催促其出具货运提单样本及运费账单，以便做好结算工作。

（一）督促船公司出具货运提单

最迟在开船后两天内，外贸业务人员要将提单补料[①]内容发送给船公司或货运代理，催促尽快开出货运提单样本及运费账单。补料要按照信用证或客户的要求完成，保证货物数量准确。船公司应随同货运提单开出装船证明等。

（二）仔细核对货运提单样本

外贸业务人员在仔细核对货运提单样本无误后，应向船公司书面确认提单内容。如果提单需客户确认，要先给客户发送货运提单样本，得到确认后再要求船公司出具正本。

货运提单样本就是货运提单草稿，一般在船开后才会出具，然后传给托运人。因为可能存在输入错误等，所以需要托运人核对确认，没有问题就写上"好"后回传。要确保补料的准确性，因为每更改一次货运提单都要收费，所以最好一次完成。

货运提单的审核非常重要，否则会导致很多麻烦。业务人员应着重审核：提单种类、份数、抬头、收货人、通知人、出单人、承运人、指示方、装货港、卸货港、货物描述、转船分批装运描述、清洁性描述、装船批注、背书描述，原则是要符合信用证要求、事实和常理。

（三）及时支付运杂费

支付运杂费时，业务人员应填写运杂费支付登记表（如表3-9所示）。付款后，业务人员应通知船公司，并及时取得货运提单等运输文件。

[①] 提单补料，即Shipping Information，简称SI，即订舱一方向船公司提供这批货物的详细资料，简单来说，就是提单上要求提供的各项内容，即关于客户的资料、柜号、封号、毛重、总立方数、唛头、货物描述等。

表 3-9　运杂费支付登记表

订单号	客户名	装船日期	船公司	运杂费	支付情况	提单号

　　一般来说，只有先付清运杂费才能拿到货运提单正本，所以要及时付款。付款方式可以是现金存款、电汇或者支票。如果支付现金或者电汇，需将银行付款水单发送给船公司，证明已经付清了运杂费，然后就可以让船公司快递提单或是自取提单了；有些船公司则要确认款项到账后才提供货运提单正本。如果采用支票付款，只要支票到达船公司就可以要求寄出货运提单正本。

第三节　国际货物运输保险办理

　　合同中约定使用的贸易价格不同，外贸业务人员在办理保险时的工作重点就不同。按FOB 或 CFR 条件成交，保险由买方办理，外贸业务人员要催促买方及时办理。如果按 CIF 条件成交，卖方就要自行办理保险。

一、选择投保形式

货物运输险投保的形式有以下几种。

（一）预约保险

专业从事出口业务的贸易公司或长期出口货物的企业，可与保险公司签订预约保险合同（简称预保合同，是一种定期统保契约）。凡属于预保合同约定范围以内的货物，一经起运，保险公司即自动承保，即凡签订预保合同的单位，在每批保险标的出运前，由投保人填制起运通知，一式三份，交保险公司。

以下分别是一份出口货物运输预约保险合同和中国人民保险公司国际运输预约保险起运通知的范本，供读者参考。

【范本】出口货物运输预约保险合同

出口货物运输预约保险合同

合同号：_____   日期：_____

甲　方：_____

乙　方：_____ 保险公司

双方就出口货物的运输预约保险，拟定下列各条以资共同遵守。

一、保险范围

甲方出口到国外的全部货物，不论运输方式，凡贸易条件规定由卖方办理保险的，都属于合同范围之内。甲方应根据本合同规定，向乙方办理投保手续并支付保险费。

乙方对上述保险范围内的货物，负有自动承保的责任，在发生本合同规定范围内的损失时，均按本合同的规定负责赔偿。

二、保险金额

保险金额以出口货物的 CIF 价为准。如果交易不是以 CIF 价成交，则折算成 CIF 价。计算时，运费可用实际运费，也可由双方协定一个平均运费率计算。

三、保险险别和费率

各种货物需要投保的险别由甲方选定并在投保单中填明。乙方根据不同的险别，规定不同的费率。现暂定如下。

货物种类	运输方式	保险险别	保险费率

四、保险责任

各种险别的责任范围，按照所属乙方制定的"海洋货物运输保险条款""海洋货物运

（续）

输战争险条款""航空运输综合险条款"和其他有关条款的规定为准。

五、投保手续

甲方一经掌握货物发运情况，即应向乙方发出起运通知书，办理投保。通知书一式五份，由保险公司签订、确认后，退回一份。如果不办理投保，货物发生损失，乙方不予理赔。

六、保险费

乙方按甲方寄送的起运通知书，按照相应的费率逐笔计收保险费，甲方应及时付费。

七、索赔手续和期限

本合同所保货物发生保险范围以内的损失时，乙方应按制定的"关于海运出口保险货物残损检验和赔款给付办法"迅速处理。甲方应尽力采取防止货物扩大受损的措施，对已遭受损失的货物必须积极抢救，尽量减少货物的损失。向乙方办理索赔的有效期限，以保险货物卸离海轮之日起满一年终止。如有特殊需要可向乙方提出延长索赔期。

八、合同期限

本合同自＿＿＿年＿月＿日开始生效。

甲方：　　　　　　　　　　乙方：

日期：　　　　　　　　　　日期：

【范本】中国人民保险公司国际运输预约保险起运通知

中国人民保险公司国际运输预约保险起运通知

被保险人：　　　　　　　编号：　　　　　　　　　字第　　号

保险货物项目（唛头）：		包装及数量：	价格条件：		货价（原币）：
合同号：		发票号码：	提单号码：		合同号：
运输方式：		运输工具名称：	运费：		运输方式：
开航日期：　　年　月　日 运输路线：　自　　　至					
投保险别		费率		保险金额	保险费
中国人民保险公司 　　　　　年　月　日		被保险人签章 　　　　年　月　日		备注	

（二）逐笔投保

未与保险公司签订预约保险合同的企业，对出口货物需逐笔填制投保单，办理货物运输险投保。

（三）联合凭证

凡陆运、空运到我国港澳地区的，可使用"联合凭证"，由投保人将"联合凭证"一式四份，提交保险公司。保险公司将其加盖联合凭证印章，并根据投保人提出的要求注明承担险别、保险金额和理赔代理人名称，经签章后退回三份，自留一份凭此统一结算保费。

二、选择保险险别

关于海洋运输货物保险，按照国家保险习惯，可将各种险别分为基本险别和附加险别。

（一）基本险别

基本险别有平安险、水渍险和一切险。不同的险别，其责任范围也不一样，具体如表 3-10 所示。

表 3-10　基本险别的责任范围

序号	险别	责任范围
1	平安险	（1）在运输过程中，由于自然灾害和运输工具发生意外事故，造成被保险货物实物的实际全损或推定全损 （2）只要运输工具曾经发生搁浅、触礁、沉没、焚毁等意外事故，无论意外事故发生之前或者以后是否曾在海上遭遇恶劣气候、雷电、海啸等自然灾害，所造成的被保险货物的部分损失 （3）由于运输工具遭遇搁浅、触礁、沉没、互撞、与流冰或其他物体碰撞以及失火、爆炸等意外事故造成被保险货物的部分损失 （4）在装卸转船过程中，被保险货物一件或数件落海所造成的全部损失或部分损失 （5）运输工具遭遇自然灾害或意外事故，在避难港卸货所引起被保险货物的全部损失或部分损失 （6）运输工具遭遇自然灾害或意外事故，需要在中途的港口或者在避难港口停靠，因而引起的卸货、装货、存仓以及运送货物所产生的特别费用

序号	险别	责任范围
1	平安险	（7）发生共同海损所引起的牺牲、公摊费和救助费用 （8）发生了保险责任范围内的危险，被保险人对货物采取抢救、防止或减少损失的各种措施，因而产生合理施救费用。但是保险公司承担费用的限额不能超过这批被救货物的保险金额。施救费用可以在赔款金额以外的一个保险金额限度内承担
2	水渍险	除了包括上列"平安险"的各项责任外，还负责被保险货物由于恶劣气候、雷电、海啸、地震、洪水等自然灾害所造成的部分损失
3	一切险	除了包括上列"平安险"和"水渍险"的各项责任外，还包括货物在运输过程中，因各种外来因素所造成保险货物的损失。无论全损或部分损失，除对某些运输途耗的货物，经保险公司与被保险人双约定在保险单上载明的免赔率外，保险公司都给予赔偿

（二）附加险别

附加险别包括一般附加险和特殊附加险。

1. 一般附加险

一般附加险不能作为一个单独的项目投保，而只能在投保平安险或水渍险的基础上，加保一种或若干种一般附加险。如加保所有的一般附加险，就叫投保一切险。常见的一般附加险及其说明如表 3-11 所示。

表 3-11　常见的一般附加险及其说明

序号	险别	说明
1	偷窃、提货不着险	保险有效期内，保险货物被偷走或窃走，以及货物运抵目的地以后，整件未交的损失
2	淡水雨淋险	货物在运输中，由于淡水、雨水以至雪溶所造成的损失
3	短量险	保险货物数量短缺和重量的损失
4	混杂、沾污险	保险货物在运输过程中混进了杂质或被其他物质接触而玷污所造成的损失
5	渗漏险	流质、半流质的液体物质和油类物质，在运输过程中因为容器损坏而引起的渗漏损失

（续表）

序号	险别	说明
6	碰损、破碎险	碰损主要针对金属、木质等货物，破碎则主要针对易碎性物质
7	串味险	货物（如香料）在运输中与其他物质一起储存而导致的变味损失
8	受潮受热险	由于气温骤变或船上通风设备失灵等原因引起货物的损失
9	钩损险	货物在装卸过程中因为使用手钩、吊钩等工具所造成的损失
10	锈损险	货物在运输过程中因为生锈造成的损失
11	包装破损险	包装破裂造成物资的短少、沾污等损失

2. 特殊附加险

特殊附加险也属附加险类别，但不属于一切险的范围。主要包括各种战争险，罢工、暴动、民变险，交货不到险，进口关税险，黄曲霉素险等。

三、计算保险金额与保险费

保险金额是投保人对出口货物的实际投保金额；保险费则是投保人应缴纳的相关费用。

（一）保险金额

按照国际保险市场的习惯做法，出口货物的保险金额一般按 CIF 货价另加 10% 计算，这增加的 10% 也被称为保险加成，是买方进行这笔交易所付的费用和预期利润。如果客户要求将保险加成率提高到 20% 或 30%，其保费差额部分应由国外买方负担。同时，如果客户要求的保险加成率超过 30%，应先征得保险公司的同意。

保险金额的计算公式是：

$$保险金额 = CIF货值 \times （1 + 加成率）$$

如果换算成 CFR 价，则：

$$CFR = CIF \times [1 - 保险费率 \times （1 + 加成率）]$$

（二）货运保险保险费

投保人按约定方式缴纳保险费是保险合同生效的条件。保险费率是由保险公司根据一定时期、不同种类的货物的赔付率，按不同险别和目的地确定的。保险费则根据保险费率表的费率来计算，其计算公式是：

$$保险费 = 保险金额 \times 保险费率$$

如按 CIF 加成投保，上述公式可更改为：

$$保险费 = CIF \times （1+投保加成率）\times 保险费率$$

例如，商品 03001 的 CIF 价格为 USD10 000，进口商要求按成交价格的 110% 投保一切险（保险费率 0.8%）和战争险（保险费率 0.08%），根据上述公式计算：

保险金额 =10 000×110%=11 000（美元）

保险费 =11 000×（0.8%+0.08%）=96.8（美元）

四、办理投保手续

（一）准备单证

外贸业务人员在投保之前要将以下单证准备好。

1. 信用证

投保人应按信用证上规定的要求投保，保证"单单一致，单证一致"，以便顺利结汇。

2. 外贸发票

外贸发票不仅是出口货物的必备凭证，也是投保时确定保单要素的重要依据，发票上列明的项目如发票号码、商品名称、包装数量、货物价格都是填写投保单及确定投保金额时必不可少的项目。

3. 货运提单

货运提单可以用来明确保险公司的签单日期。虽然所有保险公司都要求进出口货运保险的投保日期应在货运开始之前，但在实际操作中，由于各种各样的原因，常常会发生投保人投保时货物已出运的情况。一般情况下，只要投保人无恶意行为，保险公司会根据货运提单上的出运日期，出具签单日为实际投保日之前的保险单。

4. 装箱单

装箱单可以用来明确出运货物的包装方式和包装件数。

（二）填写投保单

外贸业务人员办理投保，必须填制"运输险投保单"。"运输险投保单"一式二份，一份由保险公司签署后交投保人作为接受承保的凭证；另一份由保险公司留存，作为缮制、签发保险单（或保险凭证）的依据。

1. 投保单内容

投保单的内容包括投保人名称、货物名称、运输标识、船名或装运工具、装运地（港）、目的地（港）、开航日期、投保金额、投保险别、投保日期和赔款地点等。

以下是一份运输险投保单范本，供读者参考。

【范本】运输险投保单

· ·

中国人民保险公司

The People's Insurance Company Of China

运 输 险 投 保 单

Application for Transportation Insurance

被保险人：

Assured's Name：

兹有下列物品拟向中国人民保险公司投保：

Insurance is required on the following commodities：

标记 Marks & No.	包装及数量 quantity	保险货物项目 Description of goods	保险金额 Amount insured

装载运输工具：

Per conveyance：

开航日期：	提单号码：
Slg. on/abt. ：＿＿＿＿＿＿＿＿＿＿	B/L No. ：＿＿＿＿＿＿＿＿＿＿
自	至
From＿＿＿＿＿＿＿＿＿＿＿＿	to ＿＿＿＿＿＿＿＿＿＿＿

请将要保的险别标明：

Please indicate the Conditions & / or Special

Coverage：

（续）

| 备　　注：
Remarks： | |
| --- | |

投保人（签名盖章）：　　　　　　　　　　　　电话：

Name/Seal of Proposer：_____　　Telephone No.：_____

地址：　　　　　　　　　　　　　　　　　　　日期：

Address：_____　　Date：_____

本公司自用

FOR OFFiCE USE ONLY

费率：　　　　　　　　　保费：　　　　　　　　　经办人：

Rate：_____　　Premium：_____　　By _____

2. 投保单填写

投保单要如实、认真填写，具体的填写要点如表3-12所示。

表 3-12　投保单填写要点

序号	项目	说明
1	被保险人	如实填写出口商名称即可
2	唛头和号码	因为保险单索赔时一定要提交发票，所以可以只填写"As per Invoice No. ××××"
3	包装及数量	（1）有包装的填写最大包装的件数，并应与其他单据一致 （2）裸装货物要注明本身件数 （3）有包装但以重量计价的，应将包装数量与计价重量都填上
4	保险货物项目	按照货物名称如实填写，如果品种与名称较多，可填写其统称
5	保险金额	按信用证规定填写，如果没有规定，可按货物 CIF 货值的 110% 填写
6	装载运输工具	（1）海运方式下填写船名加航次，如果整个运输由两次运输完成，应分别填写一程船名及二程船名，中间用"/"隔开 （2）铁路运输填写运输方式"By railway"加车号 （3）航空运输填写航班名称
7	开航日期	填写提单装运日期

（续表）

序号	项目	说明
8	起讫地点	应填写"From 装运港 To 目的港 W/T（VIA）转运港"，并与提单一致
9	投保险别	根据信用证规定如实填写
10	备注	在备注栏内主要对特殊事项进行说明
11	投保人信息	按照实际情形如实填写

（三）提交投保单

在以上事项都准备好后，业务人员就应将投保单与相关文件交给保险公司。保险公司会根据投保内容，签发保险单或保险凭证，并计算保险费，单证一式五份，其中一份留存，投保人付清保险费后取得四份正本，投保即告完成。

（四）交纳保险费

交纳保险费就是投保人根据保险合同的规定，按期如数交纳保险费。一般交纳保险费有一次付清、分期付款、现金支付、票据支付、汇付和托收等方式。

五、领取并审核保险单据

保险单据是保险公司在接受投保后签发的承保凭证，是保险人（保险公司）与被保险人（投保人）之间订立的保险合同。在被保险货物受到保险合同责任范围内的损失时，它是被保险人提赔和保险公司理赔的主要依据；在 CIF、CIP 合同中，保险单是卖方必须向买方提供的主要单据之一，也可以通过背书转让。

（一）查看保险单据类型

保险单据可分为保险单（Insurance Policy）、保险凭证（Insurance Certificate）、联合保险凭证（Combined Insurance Certificate）和预约保险单（Open Policy）等，具体说明如表 3-13 所示。

表 3-13　保险单据类型

序号	类型	说明
1	保险单	即大保单，是一种独立的保险凭证，一旦货物受到损失，承保人和被保人都要按照保险条款和投保险别来分清货损，处理索赔
2	保险凭证	即小保单，不印刷保险条款，只印刷承保责任界限，以保险公司的保险条款为准，但其作用与保险单完全相同
3	联合保险凭证	用于我国港澳地区银行开来的信用证项下业务，在商业发票上加盖保险章，注明相关信息，与保险单有同等效力，但不能转让
4	预约保险单	预约保险单是保险公司承保被保险人在一定时期内发运的，以 CIF 价格条件成交的出口货物或以 FOB、CFR 价格成交的进口货物的保险单

（二）审核保险单据

业务人员在领取保险单据后，应认真审核，具体的审核要点为：

（1）确保根据信用证要求交来保险单、保险凭证、保险声明；

（2）确保提交开立的全套保险单据；

（3）确保保险单据是由保险公司或保险商或他们的代理人签发的；

（4）确保发出日期或保险责任生效日期最迟应在已装船或已发运或接受监管之日；

（5）确保货物投保金额要符合信用证要求或符合《跟单信用证统一惯例》第二十八条第 F 分条的解释；

（6）除非信用证另外允许，确保保险单据必须使用与信用证相同的货币出具；

（7）确保货物描述符合发票的货物描述；

（8）确保承保的商品是信用证指定装载港口或接受监管点到卸货港口或交货点；

（9）确保已经投保了信用证指定的险别，并已明确表示出来；

（10）确保唛头和号码等与运输单据相符；

（11）确保如果被保险人的名称不是保兑行、开证行或买方，应带有适当的背书；

（12）确保保险单据表现的其他资料与其他单据一致；

（13）如果单据记载有任何更改，确保应被适当地证实。

六、保险单的批改申请

外贸业务人员在审核保险单据时，若发现投保内容有错漏或需变更，应向保险公司及时提出批改申请，由保险公司出立批单，粘贴于保险单上并加盖骑缝章，保险公司按批改后条件承担责任。

申请批改必须在货物发生损失以前，或投保人不知有任何损失事故发生的情况下，在货到目的地前提出。

相关链接

保险索赔

保险索赔是指当被保险人的货物遭受承保责任范围内的风险损失时，被保险人向保险人提出的索赔要求。在国际贸易中，如由卖方办理投保，卖方在交货后即将保险单背书转让给买方或其收货代理人，当货物抵达目的港（地），发现残损时，买方或其收货代理人作为保险单的合法受让人，应就地向保险人或其代理人要求赔偿。被保险人或其代理人向保险人索赔时，应做好以下工作。

一、及时通知

当被保险人得知或发现货物已遭受保险责任范围内的损失，应及时通知保险公司，并尽可能保留现场。由保险人会同有关方面进检验，勘察损失程度，调查损失原因，确定损失性质和责任，采取必要的施救措施，并签发联合检验报告。

二、索取残损或短量证明

当被保险货物运抵目的地，被保险人或其代理人提货时发现货物有明显的受损痕迹、整件短少或散装货物已经残损,应即向理货部门索取残损或短量证明。如货损涉及第三者的责任，则首先应向有关责任方提出索赔或声明保险索赔权。在保留向第三者索赔权的条件下，可向保险公司索赔。被保险人在获得保险补偿的同时，须将受损货物的有关权益转让给保险公司，以便保险公司取代被保险人的地位或以被保险人名义向第三者责任方进行追偿。保险人的这种权利，叫作代位追偿权。

三、采取合理补救措施

保险货物受损后，被保险人和保险人都有责任采取可能的、合理的施救措施，以防止损失扩大。因抢救、阻止、减少货物损失而支付的合理费用，保险公司负责补偿。被保险人能够施救而不履行施救义务，保险人对于扩大的损失甚至全部损失有权拒赔。

四、备妥索赔证据

在规定时效内提出索赔。保险索赔时，通常应提供的证据有：

（1）保险单或保险凭证正本；

（2）运输单据；

（3）商业发票和重量单、装箱单；

（4）检验报告单；

（5）残损、短量证明；

（6）向承运人等第三者责任方请求赔偿的函电或其证明文件；

（7）必要时还需提供海事报告；

（8）索赔清单主要列明索赔的金额及其计算数据，以及有关费用项目和用途等。

第四章

报检报关环节业务跟进

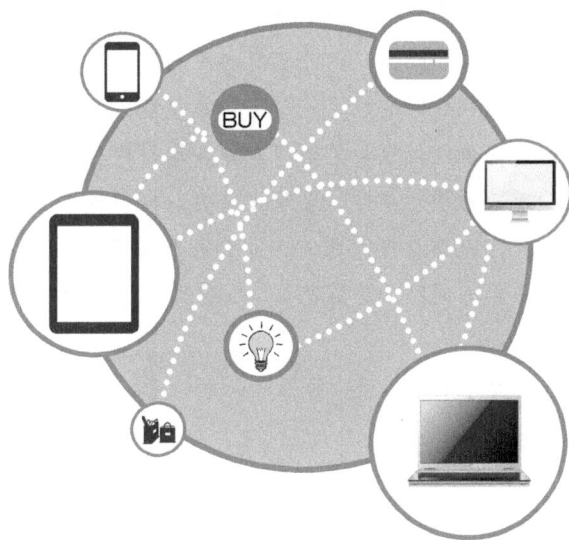

在完成货物的交接准备工作之后，货物交运之前，出口企业应针对不同商品的情况和出口合同的规定，对出口货物进行申请检验，也就是报检。出口企业在取得检验证书或放行通知单后，在规定的有效期内报运出口，也就是报关通关。报检报关环节中的业务非常琐碎，需要耐心地跟进。

第一节　出口商品报检

在完成货物的交接准备工作后，货物交付之前，出口企业应针对不同商品的情况和出口合同的规定，向国家质量监督检验检疫总局申请对出口货物进行检验检疫。

根据进出境货物不同的检验检疫要求、鉴定项目和不同作用，我国检验检疫机构签发不同的检验检疫证书、凭单、监管类证单、报告单和记录报告。常见的有：出入境检验检疫品质证书（Quality Certificate）、出入境检验检疫数量检验证书（Quantity Certificate）、出入境检验检疫植物检疫证书（Phytosanitary Certificate）、出入境检验检疫动物检疫证书（Animal Health Certificate）、出入境检验检疫卫生证书（Sanitary Certificate）、熏蒸／消毒证书（Fumigation/Disinfection Certificate）、出境货物运输包装性能检验结果单（Package Performance Inspection Sheet of Exported Goods）、残损鉴定证书（Inspection Certificate on Damaged Cargo）、包装检验证书（Inspection Certificate of Packing）。

一、报检时间

出口商品报检的时间规定为：最迟于报关或装运出口前 10 天向商检机构办理。对于检验周期较长的商品，如羊绒、谷物，还应加上相应的抽样、检验、化验等工作的时间。

二、确定是否需要报检

（一）确定是否属于法定检验商品

凡属国家规定或合同规定必经国家质量监督检验检疫总局（简称国家质检总局）检验出证的商品，在货物备齐后，出口企业应向国家质检总局申请检验，只有取得国家质检总局发给的合格的检验证书，海关才准放行。凡经检验不合格的货物，一律不得出口。

出口企业可以查看《中华人民共和国进出口贸易管理措施——进出口关税及其他管理措

施一览表》，如果该商品的海关监管条件为"B"，即说明该商品为法定检验商品。

准确地说，实施法定商检的商品主要包括以下内容。

（1）《中华人民共和国进出口商品检验法》规定的商品。

（2）《中华人民共和国食品安全法》规定的应实施卫生检验及检疫的食品、食品添加剂、食品容器、包装材料等。

（3）《中华人民共和国进出境动植物检疫法》规定应实施检疫的动植物产品。

（4）国家卫生部有关条例规定应实施检验的药品。

该类商品进口报关前，外贸企业可参阅海关总署公布的海关税则归类目录，先报请出入境检验检疫机构实施检疫，海关凭出入境检验检疫机构签发证书验放。

（二）进口商规定要检验

有些进口商要求出口商出具国际上一些权威商品检验机构或其本国设在出口国的特定检验机构的检验证书作为信用证项目必要的单据。在此情况下，出口商应在装运前主动与这些机构取得联系，配合检验出证。

三、准备好报检单证、资料

在提交申请前，出口企业必须将所需的单证、资料等准备齐全。不同的商品，报检时要求的资料可能不一样，出口企业在准备时一定要细心。报验所需单证、资料如图4-1所示。

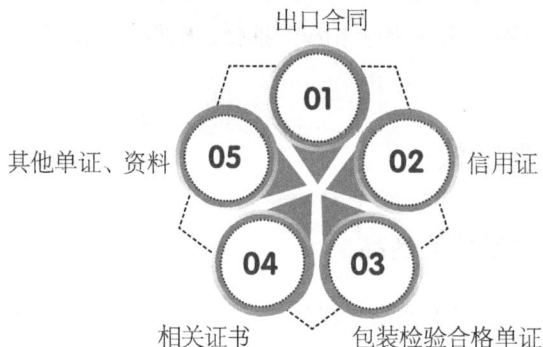

出口合同
01
其他单证、资料 05   02 信用证
04   03
相关证书   包装检验合格单证

图4-1 报检所需单证、资料

（一）出口合同

出口合同（或售货确认书）是双方达成交易的书面确认文件，出口企业在报检时要提供其复印件或副本，必要时提供原件。如果有补充协议的要提供补充的协议书，有修改的要提供修改书。

（二）信用证

信用证是报检时的必备单证，出口企业必须依据要求提交其复印件或副本，必要时提供原件。如果有修改的情况，还要提供信用证的修改书或更改的函电。

（三）包装检验合格单证

凡属危险或法定检验范围内的商品，出口企业在申请品质、规格、数量、重量、安全、卫生检验时，必须提交检验检疫机构签发的出口商品包装性能检验合格单证。

（四）相关证书

属于必须向检验检疫机构办理卫生注册和出口商品质量许可证的商品，报检时出口企业必须提供检验检疫机构签发的卫生注册证书或出口商品质量许可证编号和厂检合格单。冷冻、水产、畜产品和罐头食品等须办理卫生许可证时，出口企业必须交附检验检疫机构签发的卫生注册证书和厂检合格单。

（五）其他单证、资料

其他单证、资料主要包括以下几种。

（1）样品。如果合同规定凭样品成交，出口企业必须提供经国外买方确认的样品一份。

（2）经发运地检验检疫机构检验合格的商品，需在口岸申请换证的，出口企业必须交附发运地检验检疫机构签发的"出口商品检验换证凭单"（简称"换证凭单"）正本。

（3）第一次检验不合格，经返工整理后申请重新检验的，出口企业应交附原来的检验检疫机构签发的不合格通知单和返工整理记录。

（4）经生产经营部门检验的，出口企业应提交其检验结果单。

（5）申请重量／数量鉴定的，出口企业应交附重量明细单、装箱单等资料。

（6）申请积载鉴定、监视装载的，出口企业应提供配载图、配载计划等资料。

四、填写出口货物报检单

报检单统一要求预录入，并加盖报检单位公章或已向检验检疫机构备案的报检专用章。报检前，报检人员应认真审核录入报检单，其申报内容必须与报检随附单证一致，并在"报检人声明"一栏签名。

（一）报检单填写的基本要求

报检单填写的基本要求主要包括以下几点。

（1）每张申请单一般只填写一批商品。

（2）申请的日期、时间必须准确无误。

（3）所有应填写的项目应填写齐全、译文准确、中英文内容一致。

（4）收货人、发货人、商品的名称等应与合同和信用证所列一致，并且要填写全称，不得随意简化。

（5）商品名称要填写与合同、信用证一致的具体商品的名称，不得自行简化或更改。

（6）商品的数量、重量、规格，除合同、信用证有规定或有国际惯例者外，其余一律使用国际标准计量单位。

（7）货物总值，一律填写出口成交价，如无出口成交价（例如，出口预检），则只填写国内收购价。

（8）包装要求，主要填写运输包装，如瓦楞纸箱、木箱、麻袋、塑料编织袋、麻布等。合同、信用证对包装另有要求的，应按要求填写。

（9）证书类别，属于两个以上检验鉴定项目的，需区分是单独出证还是合并出证，这需要在"备注"栏内写明。

（10）运输工具、装运港、目的港，需按提单或装运单填写。如有转船的，要把转船的地点、船名按运程填写清楚。

（11）批次号和唛头，要按商品包装上所列的批次号填写，保证单证相符。

（12）证书的文种、份数都要写清楚。

（13）如果对检验证书的内容有特殊要求，也应在检验申请单上申明。

（二）报检单的样式及各项目的填写

出入境检验检疫出境货物报检单如表4-1所示。

表 4-1　中华人民共和国出入境检验检疫出境货物报检单

报检单位（加盖公章）：　　　　　　　　　　　　　　　编号：

报检单位登记号：　　　联系人：　　　电话：　　　报检日期：＿＿＿年＿＿月＿＿日

收货人	（中文）	
	（外文）	
发货人	（中文）	
	（外文）	

货物名称（中文／外文）	H.S. 编码	产地	数量／重量	货物总值	包装种类及数量

运输工具名称、号码		贸易方式		货物存放地点	
合同号		信用证号		用途	
发货日期		输往国家（地区）		许可证／审批号	
启运地		到达口岸		生产单位注册号	
集装箱规格、数量及号码					

合同、信用证订立的检验检疫条款或特殊要求	标记及号码	随附单据（打"√"或补填）
		□ 合同　　　　　□ 装箱单 □ 信用证　　　　□ 厂检单 □ 发票　　　　　□ 包装性能结果单 □ 换证凭单　　　□ 许可／审批文件

需要单证名称（打"√"或补填）		★检验检疫费	
□ 品质证书　　　正　副 □ 重量证书　　　正　副 □ 数量证书　　　正　副 □ 兽医卫生证书　正　副 □ 健康证书　　　正　副 □ 卫生证书　　　正　副	□ 动物卫生证书　正　副 □ 植物检疫证书　正　副 □ 熏蒸／消毒证书　正　副 □ 出境货物换证凭单 □ 出境货物通关单	总金额 （人民币元）	
		计费人	
		收费人	

（续表）

报检人郑重声明：		领取证单	
1. 本人被授权报检； 2. 上列填写内容正确属实，货物无伪造或冒用他人的厂名、标志、认证标志，并承担货物质量责任。 签名：		日期	
		签名	

注：有"★"号栏由出入境检验检疫机关填写 　　　　　国家质量监督检验检疫总局制

出入境检验检疫出境货物报检单的填写方法如表4-2所示。

表4-2　出境货物报检单的填写方法

序号	填写栏目	填写要求
1	编号	空白。为国家质检总局受理报检时编制的号码，由国家质检总局受理报检人员填写
2	报检日期	填写报检当日日期
3	报检单位	填写报检单位全称并加盖公章
4	报检单位登记号	为报检单位在国家质检总局的备案登记号
5	联系人及电话	国家质检总局认可的报检员名字及联系电话
6	发货人	填写出口合同卖方或信用证受益人名称（中英文对照）
7	收货人	填写出口合同买方或信用证开证申请人名称，如无中文可不填
8	货物名称（中文／外文）	按出口合同或信用证所列名称及规格填写货物具体的类别名称，不能用统称，如需要出具英文证书的，填写中英文名称
9	H.S. 编码	按《商品名称及编码协调制度》中所列编码分类填写货物的10位数商品编码
10	产地、数量／重量、货物总值、包装种类及数量	产地：填写货物生产／加工的省（自治区、直辖市）以及地区（市、县）名称 数量／重量：按实际申请检验检疫货物的数量／重量填写。重量一般为净重，如填写毛重则应注明 货物总值：按本批货物合同或发票所列总值填写，并注明币种 包装种类及数量：按货物实际运输外包装的种类及数量填写

（续表）

序号	填写栏目	填写要求
11	运输工具名称、号码	填写货物实际装载的运输工具类别名称（如船、飞机、货柜车、火车等）及运输工具编号（船名、飞机航班号、车牌号码、火车车次）。报检时，未能确定运输工具编号的,可只填写"海运"或"空运"等
12	贸易方式	按该批货物出口的贸易方式填写，如一般贸易、来料加工等
13	货物存放地点、合同号、信用证号、用途、发货日期、输往国家（地区）、启运地、到达口岸	按实际情况填写
14	许可证 / 审批号	已办理出口许可证的，应填写出口许可证号码
15	生产单位注册号，集装箱规格、数量及号码	可空白
16	合同、信用证订立的检验检疫条款或特殊要求	填入合同、信用证有关检验检疫条款或特殊要求
17	标记及号码	为运输标记，如没有也请注明"无"
18	随附单据	选择或补填
19	需要准备的单证资料	如果商品为法定检验出口的商品，出口人需要报检商品。出口人报检仅作为海关通关之用，可只要求出具"出境货物通关单"；如果合同或信用证要求出具检验检疫证明作为议付单据的一个要件，应按合同或信用证要求出具品质证书、重量证书、数量证书等

　　报检人对所需检验证书的内容如有特殊要求的，应预先在检验申请单上申明。国家质检总局签发的证书为全国统一格式的检验证书。经国家质检总局同意，也可接受国外提出的其他格式或者其他文种的证书要求，但报检人必须事先在申请单中注明。

五、提交报检申请

　　外贸业务人员填写好"中华人民共和国出入境检验检疫出境货物报检单"后，交由国家质检总局认可的报检员签名并盖上公章后，连同出口合同及信用证复印件、发票、装箱单、厂检单等必要证件于货物报关前10天向国家质检总局提出申请。对于检验周期较长的商品，还应预留更多时间。

报检人应保证检验机构有必要的检验、出证时间。检验需要花费时间，一般的检验项目大多能在3天内完成，再加上出证时间，检验机构能在3～5个工作日内完成检验、出证工作。因此，报检人在申请时就要估算好时间，预先约定抽样检验、鉴定的时间，特殊情况下需要加急的，就要增加费用。同时，报检人要注意某些检验需要一定的时间。

六、配合检验机关检验

国家质检总局接受报检申请后会安排检验员与出口商约定时间进行检验。检验机关到现场工作时，报检人应提供进行抽样和检验鉴定等必要的工作条件，包括提供辅助人力、工具和工作场所。

七、领证、审证

外贸业务人员领取检验合格证书时的注意要点如下。

（1）外贸业务人员必须在规定的日期内领取检验合格证书。报检人或申请人领取证书时，应按规定缴纳检验费。

（2）业务人员应如实签署姓名和领取时间。

（3）业务人员领取检验合格证书时还应注意以下三点。

① 申请人申请出具品质证书时，不需要再在"出口商品报关单"上加盖放行章或是出具"出口商品放行单"，凭品质证书上标有"此副本仅供通关用"字样的副本报关即可。

② 对中俄、中蒙、中缅、中越等边境贸易的出口商品，则凭品质证书正本加盖"边境贸易"印章通关。

③ 领取证书后，业务人员要立即核实证书份数、证书内容等。证书日期应早于提单日期。证书内容与结汇有关单证要一致，如有不一致的应及时提出并查明原因，由检验检疫机构予以配合解决。已取得检验合格证书的商品应在规定的期限内发运出口，超过期限的应将原发检验合格证书全部退回，业务人员重新申请报检。一般商品在单证签发之日起60天内装运出口，鲜活类商品为两周。

第二节　报关与通关

根据《中华人民共和国海关法》，进出口货物的发货人应在货物的出境地向海关申报，可使用纸质报关单和电子数据报关单的形式进行申报。在这一环节，业务人员应做好报关与通关工作。

一、报关与通关的定义

（一）何谓报关

1. 什么是报关

一般而言，报关是指进出口货物的收发货人、进出境运输工具负责人、进出境物品所有人或者他们的代理人向海关办理货物、物品或运输工具进出境手续及相关海关事务的过程。报关是与运输工具、货物、物品的进出境密切相关的一个概念。《中华人民共和国海关法》（以下简称《海关法》）规定："进出境运输工具、货物、物品，必须通过设立海关的地点进行进境或者出境。"报关包括向海关申报、交验单据证件，并接受海关的监管和检查等。报关是履行海关进出境手续的必要环节之一。

2. 什么是电子报关

电子报关是指进出口货物收发货人或其代理人通过计算机系统，按照《中华人民共和国海关进出口货物报关单填制规范》的有关要求，向海关传送报关单电子数据，并备齐随附单证的申报方式。

《海关法》规定："办理进出口货物的海关申报手续，应当采用纸质报关单和电子数据报关单的形式。"这一规定确定了电子报关的法律地位，使电子数据报关单和纸质报关单具有同等的法律效力。

在一般情况下，进出口货物收发货人或其代理人应当采用纸质报关单形式和电子数据报关单形式向海关申报，即进出口货物收发货人或其代理人先向海关计算机系统发送电子数据报关单，接收到海关计算机系统发送的"接受申报"电子报文后，凭此打印纸质报关单，并随附有关单证，向海关提交。

在一些还没有实现海关业务计算机化管理的边远地区海关，或者在某些特殊情况下，进出口货物收发货人或其代理人可以单独使用纸质报关单向海关申报；在特定条件下，进出口货物收发货人或其代理人可以单独使用电子数据报关单向海关申报。

（二）何谓通关

在进出境活动中，还经常使用"通关"这一概念。通关与报关既有联系又有区别。两者都是针对运输工具、货物、物品的进出境而言的，但报关是从海关行政管理相对人的角度，仅指向海关办理进出境手续及相关手续，而通关不仅包括海关行政管理相对人向海关办理有关手续，还包括海关对进出境运输工具、货物、物品依法进行监督管理、核准其进出境的管理过程。我国海关已经运用了多个电子通关系统，具体如下所示。

1. 海关 H883/EDI 通关系统

H883/EDI 通关系统是中国海关报关自动化系统的简称，是我国海关利用计算机对进出口货物进行全面信息化管理，实现监管、征税、统计三大海关业务一体化管理的综合性信息利用项目。

2. 海关 H2000 通关系统

H2000 通关系统是对 H883/EDI 通关系统进行全面更新换代的升级项目。

H2000 通关系统在集中式数据库的基础上建立了全国统一的海关信息作业平台，不但提高了海关管理的整体效能，而且使进出口企业真正享受到简化报关手续的便利。进出口企业可以在其办公场所办理加工贸易登记备案、特定减免税证明申领、进出境报关等各种海关手续。

3. 中国电子口岸系统

中国电子口岸系统又称口岸电子执法系统，简称电子口岸，是与进出口贸易管理有关的国家 12 个部委利用现代计算机信息技术，将各部委分别管理的进出口业务信息电子底账数据集中存入公共数据中心，向政府管理机关提供跨部门、跨行业联网数据核查，向企业提供网上办理各种进出口业务的国家信息系统。

电子口岸系统和海关通关系统，尤其是和 H2000 通关系统连接起来，构成了覆盖全国的进出口贸易服务和进出口贸易管理的信息网络系统。进出口企业在其办公室就可以上网向海关及国家其他有关部委办理与进出口贸易有关的各种手续；与进出口贸易有关的海关部门及国家各有关部委也能在网上对进出口贸易进行有效的管理。

二、自理报关和代理报关

进出口货物的收发货人、进出境运输工具负责人、进出境物品的所有人或者他们的代理人等海关行政管理相对人履行报送义务时，根据其所涉及的报关对象、报关目的及报关行为性质的不同，可将报关分为以下三类。

（1）根据报关对象的不同，报关可分为运输工具报关、货物报关和物品报关。

（2）根据报关目的的不同，报关可分为进境报关和出境报关。

（3）根据报关行为性质的不同，报关可分为自理报关和代理报关。

以下重点阐述自理报关和代理报关。

（一）自理报关

进出口货物收发货人自行办理报关业务称为自理报关。根据我国海关目前的规定，进出口货物收发货人必须依法向海关注册登记后方能自行办理报关业务。自理报关的具体程序如图 4-2 所示。

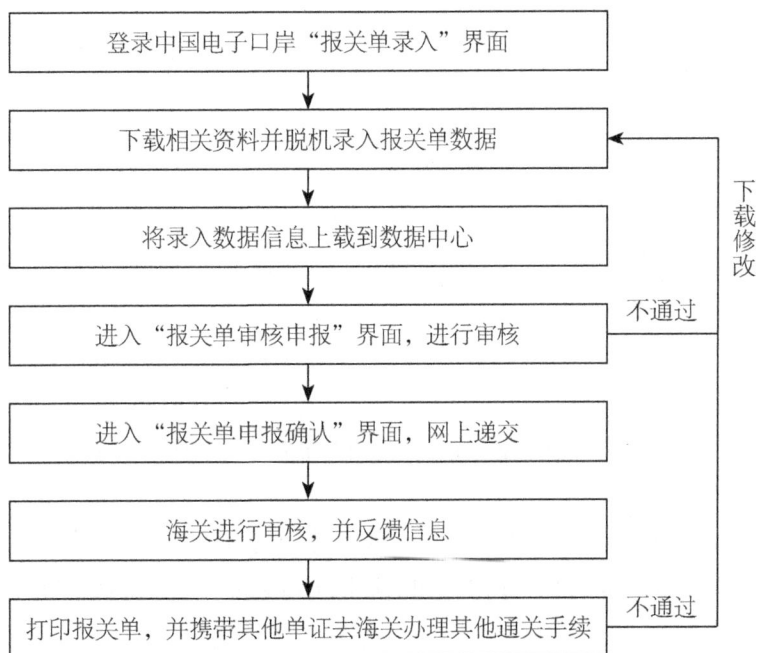

图 4-2　自理报关的程序

（二）代理报关

代理报关是指接受进出口货物收发货人的委托代理其办理报关业务的行为。我国海关法律把有权接受他人委托办理报关业务的企业称为报关企业。报关企业必须依法取得报关企业注册登记许可并向海关注册登记后方能从事代理报关业务。接受委托的专业报关企业或代理报关企业要向委托单位收取正式的报关委托书，报关委托书以海关要求的格式为准。

三、报关程序的三个阶段

货物进出境一般会经过海关的审单、查验、征税、放行四个作业环节。进出口货物收发货人或其代理人应当按程序办理相对应的进出口申报、配合查验、缴纳税费、提取或装运货物等手续，货物才能进出境。对于加工贸易原材料进口的，海关还要求事先备案，必须有一个前期办理手续的阶段；对于进口原材料加工成成品出口的，在"放行"和"装运货物"离境的环节还不能完成所有的海关手续，必须有一个后期办理核销结案的阶段。

因此，从海关对进出境货物进行监管的全过程来看，报关程序按时间先后可以分为三个阶段：前期阶段、进出口阶段、后续阶段。

（一）前期阶段

前期阶段是指进出口货物的收货人、发货人或其代理人根据海关对进出境货物的监管要求，在货物进出口之前，向海关办理备案手续的过程，主要包括以下内容。

（1）保税加工货物进口之前，进口货物收货人或其代理人办理加工贸易备案手续，申请建立加工贸易电子化手册或电子账册。

（2）特定减免税货物进口之前，进口货物收货人或其代理人办理货物的减免税备案和审批手续，申领减免税证明。

（3）暂准进出境货物进出口之前，进出口货物的收货人、发货人或其代理人办理货物暂准进出境备案申请手续。

（4）其他进出境货物中的加工贸易不作价设备进口之前，进口货物收货人或其代理人办理加工贸易不作价设备的备案手续；出料加工货物出口之前，出口货物发货人或其代理人办理出料加工的备案手续。

（二）进出口阶段

进出口阶段是指进出口货物的收货人、发货人或其代理人根据海关对进出境货物的监管要求，在货物进出境时，向海关办理进出口申报、配合查验、缴纳税费、提取或装运货物手续的过程。在进出口阶段，进出口货物的收货人、发货人或其代理人需要完成以下四个环节的工作。

1. 进出口申报

进出口申报是指进出口货物的收货人、发货人或其代理人在海关规定的期限内，按照海关规定的形式，向海关报告进出口货物的情况，提请海关按其申报的内容放行进出口货物的工作环节。

2. 配合查验

配合查验是指申报进出口的货物经海关决定查验时，进出口货物的收货人、发货人或其代理人到达查验现场，配合海关查验货物，按照海关要求搬移货物，拆开包装，以及重新封装货物的工作环节。

3. 缴纳税费

缴纳税费是指进出口货物的收货人、发货人或其代理人在接到海关发出的税费缴纳通知书后，向海关指定的银行办理税费款项的缴纳手续，通过银行将有关税费款项缴入海关专门账户的工作环节。

4. 提取或装运货物

提取货物即提取进口货物，是指进口货物的收货人或其代理人，在办理了进口申报、配合查验、缴纳税费等手续，海关决定放行后，凭海关加盖放行章的进口提货凭证或海关通过计算机发送的放行通知书，提取进口货物的工作环节。

装运货物即装运出口货物，是指出口货物的发货人或其代理人，在办理了出口申报、配合查验、缴纳税费等手续，海关决定放行后，凭海关加盖放行章的出口装货凭证或凭海关通过计算机发送的放行通知书，通知港区、机场、车站及其他有关单位装运出口货物的工作环节。

（三）后续阶段

后续阶段是指进出口货物的收货人、发货人或其代理人根据海关对进出境货物的监管要求，在货物进出境储存、加工、装配、使用、维修后，在规定的期限内，按照规定的要求，向海关办理上述进出口货物核销、销案、申请解除监管等手续的过程。后续阶段主要包括以下内容。

（1）保税加工货物，由进口货物收货人或其代理人在规定期限内办理申请核销的手续。

（2）特定减免税货物，由进口货物收货人或其代理人在海关监管期满，或者在海关监管期内经海关批准出售、转让、退运、放弃并办妥有关手续后，向海关申请办理解除海关监管的手续。

（3）暂准进境货物，由收货人或其代理人在暂准进境规定期限内，或者在经海关批准延长暂准进境期限到期前，办理复运出境手续或正式进口手续，然后申请办理销案手续；暂准出境货物，由发货人或其代理人在暂准出境规定期限内，或者在经海关批准延长暂准出境期限到期前，办理复运进境手续或正式出口手续，然后申请办理销案手续。

（4）其他进出境货物中的加工贸易不作价设备、出料加工货物、修理货物、部分租赁货物等，由进出口货物的收货人、发货人或其代理人在规定的期限内办理销案手续。

不同货物报关的基本程序如表4-3所示。

表4-3　不同货物报关的基本程序

报关程序 / 货物类别	前期阶段（货物在进出境前办理）	进出口阶段（货物在进出境时办理）	后续阶段（进出境后需要办理才能结关）
一般进出口货物	不需要办理	申报（海关审单）	不需要办理
保税进出口货物	备案、申请建立加工贸易电子化手册或电子账册	↓ 配合查验（查验）↓ 缴纳税费（征税）↓ 提取、装运货物（放行）	办理申请核销手续
特定减免税货物	货物的减免税备案和审批，申请减免税证明		办理解除海关监管手续
暂准进出境货物	备案申请		办理销案手续
其他进出境货物	出料加工货物的备案 加工贸易不作价设备备案		办理销案手续

注：（1）电子化手册：企业签多少份加工贸易合同，就需要建立多少个手册，合同执行完毕后对应的手册就会被撤销。

（2）电子账册：一个企业不管签多少份合同，只建立一个账册，所有进出口核销全部在这个账册里体现，只有在企业不再做加工贸易时，账册才会被撤销。

相关链接

海关监管货物

　　海关监管货物是指自进境起到办结海关手续止的进口货物，自向海关申报起到出境止的出口货物，以及自进境起到出境止的过境、转运、通运货物等应当接受海关监管的货物，具体包括一般进出口货物，保税货物，特定减免税货物，暂准进出境货物，过境、转运、通运货物以及其他尚未办结海关手续的进出境货物。

　　根据货物进出境的不同目的，海关监管货物可以分成六大类，具体如下表所示。

海关监管货物的分类

序号	类别	具体说明
1	一般进出口货物	一般进出口货物包括一般进口货物和一般出口货物。一般进口货物是指办结海关手续进入国内生产、消费领域流通的进口货物；一般出口货物是指办结海关手续到境外生产、消费领域流通的出口货物 特点：(1)交税；(2)交证(依法提交许可证件)；(3)放行结关，对于一般进出口货物放行时办结了海关手续，放行后海关不再监管
2	保税货物	保税货物是指经海关批准未办理纳税手续进境，在境内储存、加工、装配后复运出境的货物。保税货物又分为保税加工货物和保税物流货物两大类 特点：(1)保税，暂时不交税；(2)免证，暂时不交证；(3)放行未结关，放行后海关继续监督；(4)复运出境
3	特定减免税货物	特定减免税货物是指经海关依法准予免税进口的用于特定地区(如出口加工区)、特定企业(如外企进口自用的设备)，有特定用途(如科研货物)的货物 特点：(1)免税，凭征免税证明享受减免税；(2)交证；(3)放行未结关，直到监管期限届满解除监督(飞机/船舶期限为八年，机动车辆为六年，其他为五年)
4	暂准进出境货物	暂准进出境货物包括暂准进境货物和暂准出境货物(如展览品)。暂准进境货物是指经海关批准凭担保进境，在境内使用后原状复运出境的货物；暂准出境货物是指经海关批准凭担保出境，在境外使用后原状复运进境的货物特点：(1)免税，凭ATA单证册担保免税；(2)免证；(3)放行未结关，必须按时原状复运出境(期限为六个月)

（续）

序号	类别	具体说明
5	过境、转运、通运货物	过境、转运、通运货物是指由境外起运，通过中国境内继续运往境外的货物
6	其他尚未办结海关手续的进出境货物	其他尚未办结海关手续的进出境货物是指上述货物以外尚未办结海关手续的其他进出境货物

四、报关申报的准备

（一）单证的准备

申报单证可以分为报关单和随附单证两大类（如表4-4所示），其中随附单证包括基本单证和特殊单证。进出口货物的收发货人或其代理人应向报关员提供基本单证、特殊单证。报关员审核这些单证后据以填制报关单。

表4-4　申报单证列表

单证类别		具体说明
报关单证	报关单	进出口货物报关单
	带有进出口货物报关性质的单证	特殊监管区域进出境备案清单、进出口货物集中申报清单、ATA单证册、过境货物报关单、快件报关单等
随附单证	基本单证	进口提货单据、出口装货单据、商业发票、装箱单、委托书等
	特殊单证	进出口许可证件、加工贸易电子化手册和电子账册、特定减免税证明、作为有些货物进出境证明的原进出口货物报关单证、原产地证明书、贸易合同等

（1）报关单是由报关员按照海关规定的格式填制的申报单，是指进出口货物报关单或者带有进出口货物报关单性质的单证。一般来说，任何货物的申报都必须有报关单。

（2）基本单证是指进出口货物的货运单据和商业单据。一般来说，任何货物的申报都必须有基本单证。

（3）涉及动植物及其产品和其他须依法提供检疫证明的货物，如需提取货样，应当按照国家的有关法律规定，事先取得主管部门签发的书面批准证明。

（二）货物准备

出口货物报关，陆运口岸可以提前几天报关，海运港口一定要在货物到港之后才能报关。对于海运出口，提前将出口货物准备好是顺利通关的必要条件。如果是工厂送货，可将货物在规定时间内运到承运人指定的集装箱中转站，由其负责将货物依次装入集装箱。如果是在工厂装货，由指定的运输公司拖空箱到发货方的仓库或是指定地点，由发货方负责装货。货物装箱之后，由运输公司直接将集装箱运至指定出口口岸（根据订舱时的船公司及船名决定出口口岸）。集装箱进入码头堆场闸口时，开始受到口岸海关的正式监管，此时集装箱出入码头堆场都必须经过海关同意才能继续运作（有时，在将集装箱运回堆场后发现货物短装、质量有问题等，需要重新将集装箱提出码头，就必须向海关申请"监管出闸"手续，在海关查核实际情况与汇报相符的情况下，监管集装箱才能离开码头堆场）。在工厂装箱或是装车时，应派人到现场查看装货情况，要求装箱人员按规定进行装箱并进行记录。这样在一定基础上能防止短装或错装，以确保货物顺利通关。

五、申报与递单

（一）申报方式

进出口货物的收货人、发货人或其代理人可以电子申报方式（如终端申报方式、委托EDI方式、自行EDI方式、网上申报方式）将报关单内容录入海关电子计算系统，生成电子数据报关单。

当进出口货物的收货人、发货人或其代理人在录入报关单数据的计算机上接收到海关发送的接受申报信息后，即表示电子申报成功，此时应将准备好的报关随附单证及按规定填制好的进出口货物报关单正式向进出口口岸海关递交申报。

（二）递单期限

海关审结电子数据报关单后，进出口货物的收货人、发货人或其代理人应当自接到海关"现场交单"或"放行交单"通知之日起 10 日内，持打印好的纸质报关单，备齐规定的随附单证并签名盖章，到货物所在地海关递交书面单证并办理相关海关手续。

确因节假日或转关运输等其他特殊原因需要逾期向海关递交书面单证并办理相关海关手续的，进出口货物的收货人、发货人或其代理人应当事先向海关提出书面申请并说明原因，经海关核准后在核准的期限内办理，最长期限为 30 个自然日。

未在规定期限或核准的期限内递交纸质报关单的，海关将删除电子数据报关单，进出口货物的收货人、发货人应当重新申报。由此产生的滞报金按照《中华人民共和国海关征收进口货物滞报金办法》办理。

（三）递单资格要求

办理申报手续的人员，应当是取得报关员资格并在海关注册的报关员。未取得报关员资格或未在海关注册的人员不能办理现场交单手续。

（四）现场交单要求

现场交单时，报关员应当递交与电子数据报关单内容一致的纸质报关单、国家实行进出口管理的许可证件以及海关要求的随附单证等。进出口货物报关单应当随附的单证包括合同、发票、装箱清单、载货清单（舱单）、提（运）单、代理报关授权委托协议、进出口许可证件、海关要求的加工贸易手册（纸质或电子数据的）及其他进出口有关单证。报关员对所递交单证的真实性、合法性、规范性负责。

> 特殊情况下，报关单电子数据与随附单证的个别内容不符，经海关审核确认无违法情形的，由进出口货物的收货人、发货人重新提供与报关单电子数据相符的随附单证或提交有关说明，并申请办理报关单数据修改，电子数据报关单可不予删除。
>
> 其中，实际交验的进出口许可证件与申报内容不一致的，经海关认定无违反国家进出口贸易管制政策和海关有关规定的，可以重新向海关提交。

（五）接受询问

海关审核电子数据报关单时，需要进出口货物的收货人和发货人解释、说明情况或补充材料的，报关员应当在接到海关通知后及时进行说明或提供完备材料。

（六）补充申报

有下列情形的，进出口货物的收货人、发货人、报关企业应当向海关进行补充申报。

（1）海关对进出口货物申报的价格、商品编码归类进行审查时，为确定申报内容的完整性和准确性，要求补充申报的；海关对申报货物的原产地进行审核时，为确定货物原产地准确性，要求提交原产地证书，并进行补充申报的。

（2）海关对已放行货物的价格、商品编码和原产地等内容进行进一步核实时，要求进行补充申报的。

进出口货物的收货人、发货人、报关企业可以主动向海关进行补充申报，并在递交报关单时一并提交。

在收到海关补充申报电子指令之日起五个工作日内，进出口货物的收货人、发货人、报关企业须通过系统向海关申报电子数据补充申报单。

（七）修改申报内容或撤销申报

海关接受进出口货物申报后，电子数据和纸质的进出口货物报关单不得修改或者撤销。确有如下正当理由的，进出口货物的收货人、发货人、受委托的报关企业向海关递交书面申请，经海关审核批准后，可以进行修改或撤销。

（1）由于计算机、网络系统等方面的原因导致电子数据申报错误的。

（2）海关在办理出口货物的放行手续后，由于装运、配载等原因造成原申报货物部分或全部退关，需要修改或撤销报关单证及其内容的。

（3）报关人员由于操作或书写失误造成申报差错，并未发现有走私违规或其他违法嫌疑的。

（4）进出口货物在装载、运输、存储过程中因溢短装、不可抗力的灭失、短损等原因造成原申报数据与实际货物不符的。

（5）根据贸易惯例先行采用暂时价格成交，实际结算时按商检品质认定或国际市场实际价格付款方式需要修改原申报数据的。

（6）其他特殊情况经海关核准同意的。

海关已经决定布控、查验进出口货物的，进出口货物的收货人、发货人、受委托的报关企业不得修改报关单内容或撤销报关单证。

通关作业无纸化

一、定义

通关作业无纸化是指海关以企业分类管理和风险分析为基础，按照风险等级对进出口货物实施分类，运用信息技术对企业联网申报的报关单及随附单证的电子数据进行无纸审核、征税、验放的通关作业方式，改变了传统的海关针对进出口企业通过递交书面报关单及随附单证办理通关手续的做法。

二、适用范围

通关作业无纸化企业范围已经扩大到所有信用等级企业。

企业经与直属海关、第三方认证机构（中国电子口岸数据中心）签订电子数据应用协议后，可在全国海关适用"通关作业无纸化"通关方式，不再需要重复签约。

三、业务流程

业务流程为：企业无纸申报——电子审单（计算机确定转入红色通道人工审单）——专业审单——无纸通关查验——无纸放行——"无纸通关"事后交单——结关后签发证明联。

1. 企业无纸申报

具有"无纸通关"资格的企业通过 EDI 系统，录入电子数据报关单，并选择无纸申报方式向海关申报。

2. 电子审单

海关计算机系统对企业申报的无纸通关电子数据报关单进行审核。

3. 专业审单

对计算机作"无纸申报"提示的"无纸通关"报关单，审单人员依据有关规定进行审核，并根据审核情况做出如下处理：

（1）将电子数据报关单做审结处理，并转现场海关无纸放行岗，同时计算机通过网络向企业和现场显示屏发送"无纸审结"信息；

（2）将电子数据报关单做审结处理，并转现场接单审核岗，确定有纸通关方式，同时计算机通过网络向企业发送到现场交单等信息（转入有纸通关模式）。

4. 无纸通关查验

涉及查验的货物，海关计算机系统自动向企业发送查验信息，企业在获得查验信息后，凭《查验通知书》及有关单证到现场海关办理实物查验手续（转入有纸通关模式）。

5. 无纸放行

在出口货物进入海关监管场所后，如无须查验，企业凭海关放行通知信息自行打印放行通知书一式三份（一份仓库联、一份货主留存联、一份海关验放联），并加盖印章，到通关业务现场办理装货手续。

6. "无纸通关"事后交单

出口企业应将"无纸通关"报关单证自海关放行之日起 7 日内递交现场海关通关部门无纸接单岗，报关单证包括报关单、《加工贸易进出口货物登记手册》、装箱单、发票等。无纸报关企业必须按规定期限办理事后交单手续，对于未按期及时办理交单手续的，海关将按有关规定予以处理。

7. 其他通关手续

卡口作业、结关操作、签发证明联等其他通关手续按照有关规定办理。

六、电子口岸系统注册办理程序

以下将针对通关无纸化签约及通关无纸化代理报关委托两方面做介绍。无论是自理报关还是委托报关，作为企业首先必须了解的是如何在电子口岸系统注册办理相关手续。对于无纸化报关工作，在实际中往往委托公司外部的专业代理报关公司进行处理。本节将简要介绍无纸化代理报关委托部分工作。

（一）无纸化自理报关签约

1. 自理报关，即由进出口收发货人自行向海关报关。如需采用无纸化通关，业务人员应先用电子口岸法人 IC 卡登录电子口岸系统，完成通关无纸化签约。

电子口岸系统新入网企业可免费申领安全介质。

一套免费的客户端安全产品有以下两种形式：

（1）1 个读卡器 +1 张法人 IC 卡 +1 张操作员 IC 卡

（2）1 个法人 USB-Key（USB 密钥）+1 个操作员 USB-Key

具体配发（1）或（2），以当地数据分中心窗口发放的产品为准。各地电子口岸大多都有数据分中心官网，有的会提供在线申请入网、邮寄 IC 卡服务，有的则需要现场登记办理，具体情况参考各地电子口岸要求。

2.企业办理通关无纸化签约流程介绍

（1）打开中国电子口岸官网，在主页右下角点击深蓝色模块"中国电子口岸执法系统安全技术服务用户登录"（如图4-3所示）。

图4-3　中国电子口岸官网登录

（2）进入通关无纸化网上签约步骤。

上一步骤点击进入页面如图4-4所示。

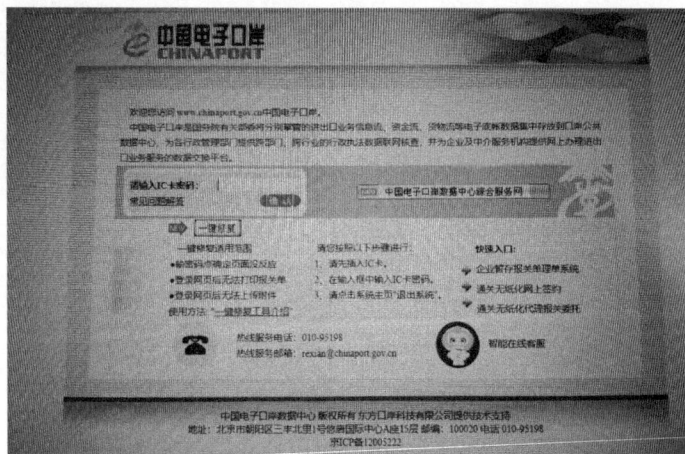

图4-4　通关无纸化网上签约界面（1）

在右下角"快速入口"处找到第二行"通关无纸化网上签约"部分点击进入下一步。

（3）选择"三方协议签约"。

（4）选择要签约的海关。

（5）点击签约。

（6）查看签约状态。点击左侧菜单三方协议查询可以查看签约状态，如图4-5所示。

图4-5　通关无纸化网上签约界面（2）

协议状态："海关入库成功"状态表示等待海关审核；"签约海关审批通过"状态表示签约成功，如图4-6所示。

图4-6　通关无纸化网上签约界面（3）

当报关企业完成无纸化签约后，在具体报关时，在报关单类型处选择"通关无纸化"选项即可，如图4-7所示。（海关特殊要求有纸报关的除外。）

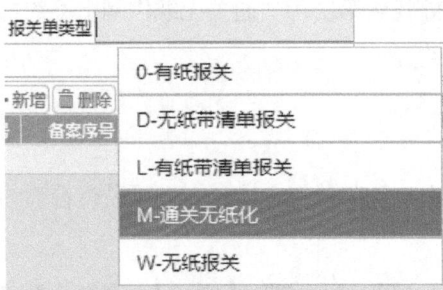

图 4-7　通关无纸化网上签约界面（4）

（二）委托代理报关

进出口收发货人要委托报关行代理报关的，需完成通关无纸化代理报关委托。如果委托给代理报关公司申报则不允许异地报关。

实际操作建议：委托代理报关可通过电子口岸或单一窗口发起，为确保委托协议成功发送和接收的稳定性，建议发送方和接收方使用相同入口。不建议使用不同入口收发委托。

以下为电子口岸系统委托代理报关发起流程。

首先进入中国电子口岸官网，在主页右下角点击深蓝色模块"中国电子口岸执法系统安全技术服务用户登录"（如图 4-8 所示）。

图 4-8　中国电子口岸官网登录页面

进入中国电子口岸执法系统登录页面，先不要输入 IC 卡密码，在右下角"快速入口"处找到第三行点击"通关无纸化代理报关委托"（如图 4-9 所示）。

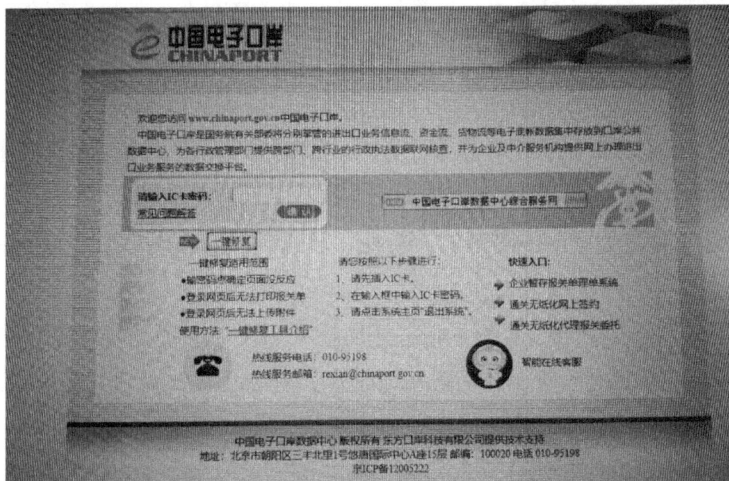

图 4-9 中国电子口岸执法系统登录页面

1. 委托报关——发起委托申请

（1）无论是通过"选择报关企业"还是"发起委托申请"功能，经营单位向申报单位发起委托申请时，系统会判断双方企业是否签署过既定的《委托关系书》。

（2）如果双方存在有效的《委托关系书》则界面中的"追加委托协议"按钮为激活状态。

（3）如果双方未曾签署过《委托关系书》则界面中的"建立委托书，委托申请"按钮为激活状态。

2. 新增委托书

（1）如果经营单位和申报单位用户首次建立委托关系，则需要填写《委托书》，用户只需填写"有效期"字段内容。

（2）用户点击"新增协议"按钮，进入《委托协议》内容的填写。

3. 新增协议

（1）经营单位用户点击"新增协议"按钮之后，进入"委托协议"—"委托方"填写内容。

说明：（1）用户按照要求填写后，点击"确定"按钮后，即完成一条委托协议的填写，用户可填写五条委托协议。

（2）用户完成全部委托协议的填写后，点击"发起申请"按钮，正式向对方发起"委托申请"。

4. 确认委托书

（1）用户进入"确认委托申请"菜单后，可以确认来自对方发起的"委托申请"。注：该菜单只适用于双方首次建立委托关系，未签订《委托书》的情形，如果双方在已经签订的《委托书》项下追加委托协议，应进入"确认追加委托协议"菜单。

（2）用户点击"查询"按钮，可查找全部待确认的"委托申请"。

（3）用户可以直接点击"拒绝"操作，也可以点击"明细"按钮，查看委托明细。

① 进入"明细"之后，可以浏览《委托书》的有关信息，特别是"委托书有效期"。

② 也可以浏览《委托书》中附带的《委托协议》，可以对协议进行"明细"查询，也可以直接"接受"或"拒绝"。

③ 点击"明细"按钮之后，会显示《委托协议》的详细信息，供经营单位阅览。

注：经营单位确认来自申报单位的委托申请时，对委托协议内容只能阅览，不能修改。

④ 用户可以选择"确定"，表示接受该份《委托书》加附带的《委托协议》，双方委托关系正式确定，用户也可以选择"拒绝委托书"。

注1：当对方发起的委托申请中，包含多份《委托协议》时，如果需要接受该委托申请，至少需要"接受"任意一份《委托协议》方可生效。

注2：在经营单位确认委托申请时，委托申请中的内容均由申报单位填写。

5. 追加委托书

（1）如果双方已经签订了《委托书》，本次委托申请属于"追加委托协议"，用户需要进入"追加委托协议"菜单，进行确认。

（2）点击"明细"按钮，可以查阅详细内容，并进行确认；也可以直接"拒绝"。

6. 委托状态查询

（1）经营单位用户可以进入"委托状态查询"菜单，通过输入对方的企业信息，进行委托状态查询。

（2）用户可以根据查询结果列表，查看委托的"状态"，也可以查看"明细"。

（3）进入《委托书》之后，可以看到全部《委托协议》的情况。

（4）用户也可以通过"委托协议编号""提运单号""货物总价"和"状态"进行组合查询。

7. 查询统计

（1）经营单位用户进入"查询统计"中的"组合统计"菜单，可以通过设定时间段，进行协议使用情况查询；

（2）系统可以查出该时段内，经营单位用户与申报单位之间使用协议的情况；注：此处只统计海关已经使用的委托协议。

七、海关审单环节的处理过程和结果

（一）海关审单的主要任务

海关审单是指海关工作人员通过审核报关员递交的报关单及其随附有关单证，检查判断进出口货物是否符合《海关法》和国家的有关政策、法规的行为。审单是海关监管的第一个环节，它不仅为海关监管的查验和放行环节打下了基础，也为海关的征税、统计、查私工作提供了可靠的单证和资料。

海关审单的主要任务包括以下六个：

（1）确认报关企业及报关员是否具备报关资格，有关证件是否合法有效；

（2）报关时限是否符合海关规定，确定是否须征收滞报金；

（3）货物的进出口是否合法，即是否符合国家有关对外贸易法律、法规的规定；

（4）报关单证的填制是否完整、准确，单证是否相符、齐全、有效；

（5）对通过电子计算机登记备案的加工贸易合同，要对有关加工贸易合同的每次进出口数据进行核对，并在"登记手册"上登记；

（6）根据《中华人民共和国进出口关税条例》和国家其他有关的税收政策确定进出口货物的征免性质。

（二）审单作业环节的处理过程及结果

审单作业过程中，报关员可以通过海关设置在报关或预录入大厅的显示屏幕和自助终端、手机及 EDI 通关系统等手段了解审单等作业环节的处理过程及结果，以保证能及时办理通关手续。审单等作业环节处理结果分别由计算机系统、审单中心或接单审核／征收税费环节对外发布。

1.计算机系统自动对外发布

计算机系统对报关单电子数据进行审核后，根据通道判别情况，自动对外发布处理结果。处理结果的具体类别如表 4-5 所示。

表 4-5　计算机系统自动对外发布处理结果的类别

序号	结果类别	具体说明
1	不接受申报	通知报关员报关单电子数据未通过规范性审核，海关不接受申报，电子报关数据退回，请报关员按海关要求修改报关单电子数据后重新进行电子申报

（续表）

序号	结果类别	具体说明
2	等待处理	通知报关员审单中心正在对有关报关单数据进行审核或正在等待审核，请继续等待处理结果
3	现场交单	通知报关员有关报关单电子数据已通过计算机审核，请报关员立即向隶属海关现场接单审核／征收税费环节递交纸质报关单证和缴纳税费手续
4	办理放行交单手续	通知报关员有关报关单电子数据已通过计算机审核，请报关员立即携带所有纸质报关单证前往隶属海关放行环节办理交单和放行手续

2. 审单中心对外发布

审单中心对通道判别及其审核的报关单电子数据进行专业化审单后，负责对外发布处理结果。处理结果的具体类别如表 4-6 所示。

表 4-6　审单中心对外发布处理结果的类别

序号	结果类别	具体说明
1	请修改报关数据	通知报关员申报有错误，按规定办理报关单数据修改、删除手续
2	等待处理	通知报关员审单中心正在对有关数据进行审核或正在等待审核，请继续等待处理结果
3	与海关联系	通知报关员审单中心需要进一步了解有关情况，请报关员立即通过以下方式与海关取得联系 （1）通过接单审核／征收税费岗位的人员与审单中心联系，由该人员调阅计算机有关信息向报关员提出要求 （2）通过电话或传真直接与审单中心联系 （3）通过交互式电子图像传输系统直接与审单中心联系 （4）前往审单中心说明情况（指已经通过以上方式联系后仍无法解决审单问题、确有必要请报关员前往的。审单中心与通关现场地理位置相距较远时，原则上不应要求报关员前往审单中心说明情况）
4	现场交单	通知报关员有关报关单电子数据已通过审单中心审核，请报关员立即向隶属海关现场接单审核／征收税费环节递交纸质报关单及随附单证
5	办理放行交单手续	通知报关员有关报关单电子数据已通过审单中心审核，请报关员立即携带所有纸质单证前往隶属海关放行环节办理交单和放行手续

3. 接单审核 / 征收税费环节对外发布

隶属海关在接单审核 / 征收税费环节对通关判别或审单中心交其审核的报关单电子数据进行审核后，负责对外发布处理结果。处理结果的具体类别如表 4-7 所示。

表 4-7　接单审核 / 征收税费环节对外发布处理结果的类别

序号	结果类别	具体说明
1	请修改报关数据	通知报关员申报有错误，按规定办理报关单数据修改、删除手续
2	等待处理	通知报关员审单中心正在对有关报关单数据进行审核或正在等待审核，请继续等待处理结果
3	缴纳税费	通知报关员到海关领取各类专业缴款书并缴纳税费
4	办理查验放行手续	通知有关人员缴纳税费后（无税费的直接）到查验放行环节办理查验放行手续

海关的信息提示及其处理状态和操作如表 4-8 所示。

表 4-8　海关的信息提示及其处理状态和操作

海关提示	处理状态	操作
现场办手续	审核结束	审结
等待处理	审证处理	电子审单结束
待海关通知	审核中	内挂
与现场联系	审核中	外转
与中心联系	审核中	外挂
退单重报	审核结束	退单
待海关通知	审核中	内转
与现场联系	审核中	外转挂起
等待处理	接单审核	电子审单尚未结束

八、配合海关查验

（一）海关查验

1. 定义

海关查验是指海关根据《海关法》确定进出境货物的性质、价格、数量、原产地、货物状况等是否与报关单上已申报的内容相符，对货物进行实际检查的行政执法行为。海关通过查验，核实有无伪报、瞒报、申报不实等走私、违规行为，同时也为海关的征税、统计、后续管理提供可靠的资料。查验是国家赋予海关的一种依法行政的权力，也是通关过程中不可少的重要环节。海关查验时，进出口货物的收货人、发货人应当到场。

2. 查验方法

海关查验分为彻底查验与抽查。彻底查验是指对一票货物逐件开拆包装，验核货物实际状况；抽查是指按照一定比例有选择地对一票货物中的部分货物验核实际状况。

查验操作可以分为人工查验和设备查验两种。

（1）人工查验包括开箱查验、外形查验。

（2）设备查验是指利用技术检查设备为主，对货物实际状况进行验核的查验方式。

海关查验的方式如表4-9所示。

表4-9　海关查验的方式

序号	方式类别	具体说明
1	彻底查验	逐件开拆包装、验核货物实际状况的查验方式
2	抽查	按照一定比例有选择地对一票货物中的部分货物验核实际状况的查验方式
3	开箱查验	将货物从集装箱、货柜车箱等箱体中取出并拆除外包装后，对货物实际状况进行验核的人工查验操作方式
4	外形查验	对外部特征直观、易于判断基本属性的货物的包装、唛头和外观等状况进行验核的人工查验操作方式
5	设备查验	以利用技术检查设备为主，对货物实际状况进行验核的查验方式

3. 复验

海关认为必要时，可以对已查验货物进行复验。存在下列情形之一的，海关可以复验。

（1）经初次查验未能查明货物的真实属性，需要对已查验货物的某些性状做进一步确认的。

（2）货物涉嫌走私违规，需要重新查验的。

（3）进出口货物的收发货人对海关查验结论有异议，提出复验要求并经海关同意的。

（4）其他海关认为有必要的情形。

4. 径行开验

径行开验是指海关在进出口货物的收货人、发货人或其代理人不在场的情况下，对进出口货物进行开拆包装查验。存在下列情况之一的，海关可以径行开验。

（1）进出口货物有违规嫌疑的。

（2）经海关通知查验，进出口货物的收货人、发货人或其代理人届时未到场的。

海关径行开验时，存放货物的海关监管场所经营人、运输工具负责人应当到场协助，并在查验记录上签名确认。

（二）接受查验通知

在接到海关的查验通知后，进出口货物的收货人、发货人或其代理人应当向海关的查验部门办理确定查验的具体地点和具体时间的手续。

1. 查验地点

查验应当在海关监管区内进行。对于进出口大宗散货、危险品、鲜活商品、落驳运输的货物，因易受温度、静电、粉尘等自然因素影响，不宜在海关监管区内进行查验的货物，或因其他特殊原因需要在海关监管区外查验的货物，经货物收货人、发货人或其代理人书面申请，海关也可同意在装卸作业的现场进行查验，或派员到海关监管区以外的地方查验货物。

2. 查验时间

海关会以书面通知的形式通知进出口货物的收货人、发货人或其代理人，约定查验的时间。查验时间一般约定在海关正常工作时间内。但是在一些进出口业务繁忙的口岸，海关也可应进出口货物的收货人、发货人的请求，在海关正常工作时间以外进行查验。

（三）配合查验

海关查验货物时，进出口货物的收货人、发货人或其代理人应到查验现场配合海关查验，并做好以下工作。

（1）负责按照海关要求搬移货物，开拆和重封货物的包装。

（2）了解和熟悉所申报的货物的情况，如实回答查验人员的询问及提供海关查验货物时所需的单证或其他资料。

（3）协助海关提取需要做进一步检验、化验或鉴定的货样，收取海关出具的取样清单。

（四）查验结论

查验完毕后，收货人、发货人应认真阅读查验人员填写的"海关进出境货物查验记录单"，并特别注意以下情况的记录是否符合实际：

（1）开箱的具体情况；

（2）货物残损情况及造成残损的原因；

（3）提取货样的情况；

（4）查验结论。

查验记录准确清楚的，进出口货物的收货人、发货人或其代理人应配合查验人员即时签名确认。至此，配合海关查验工作结束。配合查验人员如不签名，海关查验人员应在查验记录中予以注明，并由货物所在监管场所的经营人签名证明。

九、缴纳税费

进出口税费是指在进出口环节中由海关依法征收的关税、消费税、增值税等税费，具体根据《海关法》《关税条例》及其他法律、行政法规对进出口货物进行征税。

进出口货物的收货人、发货人将报关单及随附单证提交给货物进出境地指定海关，海关对报关单进行审核，对需要查验的货物先由海关查验，然后核对计算税费，开具税款缴款书和收费票据。

进出口货物的收货人、发货人有以下两种缴纳税费的方式。

（1）进出口货物的收货人、发货人在规定时间内（收到缴款书后 15 日内）持缴款书或收费票据到指定银行办理税费交付手续。

（2）通过电子口岸接收海关发出的税款缴款书和收费票据，在网上向指定银行进行电子交付税费。

十、海关进出境现场放行和货物结关

（1）海关进出口货物放行是指海关接受进出口货物的收货人、发货人的申报，审核电子数据报关单和纸质报关单及随附单证，查验货物，在征免税费或接受担保后，海关对进出口货物做出结束海关进出境现场监管的决定，允许进出口货物离开海关监管现场的工作环节。

海关进出境放行一般由海关在进口货物提货凭证或者出口货物凭证上加盖海关放行章。进出口货物的收货人、发货人签收进口提货凭证或出口装货凭证，凭以提取进口货物或将出口货物装上运输工具离境。

在实行"无纸通关"申报方式的海关，海关做出现场放行决定时，通过计算机将海关决定放行的信息发送给进出口货物收货人、发货人或其代理人和海关监管货物保管人。进出口货物的收发货人从计算机上自行打印海关通知放行的凭证，以此提取进口货物或将出口货物装运到运输工具上离境。

（2）货物结关是进出境货物办理海关手续的简称。收货人、发货人向海关办理完所有海关手续，履行了法律规定的与进出口有关的一切义务后，进口货物可以提取，出口货物可以离境，海关不再对进出口货物进行监管。

（3）海关进出境现场放行有两种情况：一种情况是货物已经结关，对于一般进出口货物，海关进出境现场放行即等于结关；另一种情况是货物尚未结关，对于保税货物、特定减免税货物、暂准进出境货物、部分其他进出境货物，放行时进出境货物的收货人、发货人并未办理完所有的海关手续，海关在一定期限内还需要进行监管，此类货物的海关进出境现场放行不等于结关。

海关放行后，在浅黄色的出口退税专用报关单上加盖"验讫章"和已向税务机关备案的海关审核出口退税负责人的签章，退还报关单位。

十一、退关的处理

退关又称出口退关，是指出口货物在向海关申报出口后被海关放行，但因故未能装上运输工具，发货人请求将货物退运出海关监管区域不再出口的行为。

（一）退关的申报

申请退关货物，发货人应当在退关之日起三日内向海关申报退关原因，经海关核准后方能将货物运出海关监管场所。已征出口税的退关货物，可以在缴纳税款之日起一年内提出书面申请，陈述理由并连同纳税收据向海关申请退税。

（二）退关退货的处理

1.已办理退税，退关退货的处理

外贸企业出口货物发生退关退货后，外贸企业必须向所在地主管出口退税的税务机关办理申报手续，补缴已退（免）的税款，如果退运的货物已经申报办理退税，应分别依图 4-10 所示的情况予以处理。

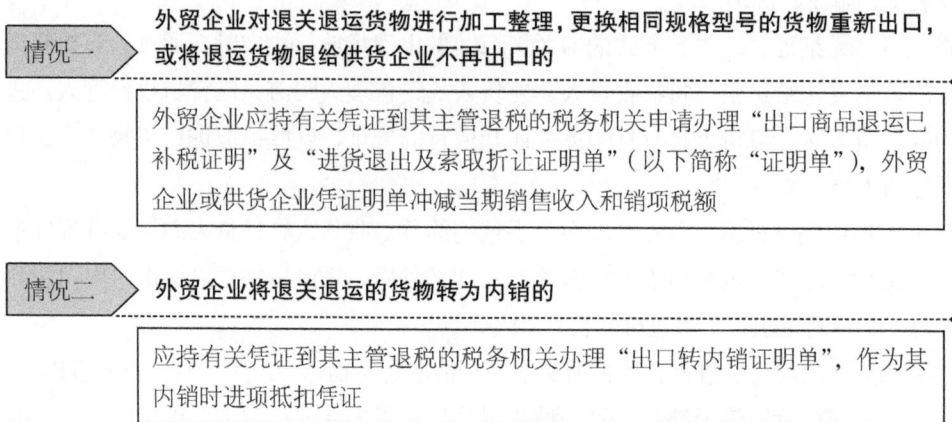

情况一 **外贸企业对退关退运货物进行加工整理，更换相同规格型号的货物重新出口，或将退运货物退给供货企业不再出口的**

外贸企业应持有关凭证到其主管退税的税务机关申请办理"出口商品退运已补税证明"及"进货退出及索取折让证明单"（以下简称"证明单"），外贸企业或供货企业凭证明单冲减当期销售收入和销项税额

情况二 **外贸企业将退关退运的货物转为内销的**

应持有关凭证到其主管退税的税务机关办理"出口转内销证明单"，作为其内销时进项抵扣凭证

图 4-10 已办理退税，退关退货的处理情况

2. 已申报但未办理退税，退关退货的处理

外贸企业将购进货物的增值税专用发票（抵扣联）报送给主管出口退税的税务机关后，货物发生退货而转作内销或部分内销的，企业须向主管出口退税的税务机关申请办理"出口商品退运已补税证明"，其应退税款在退税总额中予以扣除或比照已退税业务补交税款（已申报资料正常办理退税）。同时，外贸企业还应填列"出口货物转内销证明"，经主管出口退税的税务机关签章后，作为内销时抵扣进项税额的凭证，企业申报的增值税专用发票（税款抵扣联）留存退税机关。

3. 未申报退税，退关退货的处理

对外贸企业尚未申报退税却已发生退关退货并转作内销的，由于有关原始单据在企业，由外贸企业提出书面申请并提供有关原始单据，经主管税务机关审核后，在书面申请报告及原始单据上签注"未办理退税"字样。

第五章

制单结汇环节业务跟进

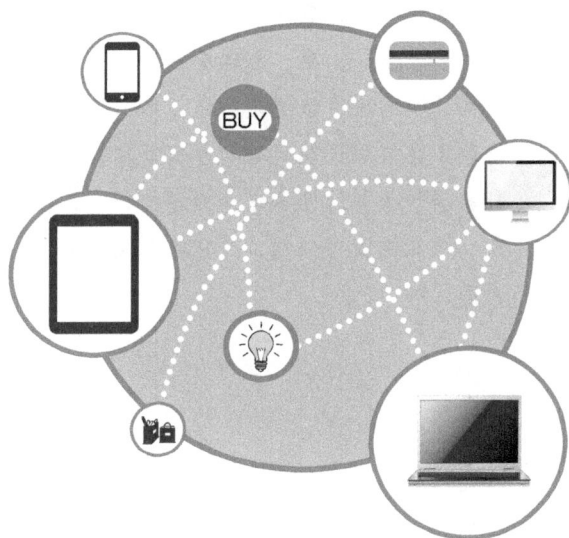

结关放行后，紧接着的工作就是准备单据（汇票、出口发票、运输单据和保险单以及其他合同或信用证规定的结汇所需单证）和收款（在信用证规定的交单有效期内，将各种单据和必要的凭证送交指定的银行办理付款、承兑或议付手续，并在收到货款后向银行进行结汇）。

第一节　制单审单

一、办理结汇需要的外贸单证

外贸单证就是指在国际结算中应用的单据、文件与证书，企业凭借这些单证来处理国际货物的支付、运输、保险、商检、结汇等。

（一）常见的结汇单证

结汇单证按照签发制作人的不同可分为三种，即自制单据、官方单据、协作单据。具体如表 5-1 所示。

表 5-1　常见的结汇单证

序号	单证类别	具体说明
1	自制单据	自制单据是指汇票、发票、装箱单、受益人证明、装船通知等需由出口商自己出具的单据
2	官方单据	官方单据是指需由官方部门签证的单据，如商品检验证明书、原产地证明书等
3	协作单据	协作单据主要指需由出口协作单位（如船公司、保险公司）出具的单证，如提单、船公司证明、保险单等

至于某一单业务的结汇工作究竟需要哪些单证，企业需要根据合同和信用证的要求将其罗列出来（如表 5-2 所示），制完一单就可以在其完成情况栏内画一个"√"，这样就不会遗漏制单。

表 5-2　××订单结汇单据制定情况表

序号	单证名称	单证的特殊要求	所需份数	完成情况	单据日期	备注

（二）各种单据的日期关系

各种单据的签发日期应符合逻辑性和国际惯例，通常提单日期是确定各单据日期的关键，汇票日期应晚于提单、发票等其他单据，但不能晚于信用证的有效期。各种单据的日期关系如下所示。

（1）发票日期应在各单据日期之首。

（2）提单日不能超过信用证规定的装运期也不得早于信用证的最早装运期。

（3）保单的签发日应早于或等于提单日（一般早于提单日两天），不能早于发票。

（4）装箱单中的日期应等于或迟于发票日期，但必须在提单日之前。

（5）原产地证书日期不早于发票日期，不迟于提单日。

（6）商检单日期不晚于提单日，但也不能过分早于提单日，尤其是鲜活和容易变质的商品。

（7）受益人证明中的日期：等于或晚于提单日。

（8）装船通知中的日期：等于或晚于提单日后三天内。

（9）船公司证明中的日期：等于或早于提单日。

二、制作外贸单证

（一）制单的基本要求

制单的基本要求如表 5-3 所示。

表 5-3　制单的基本要求

序号	要求类别	具体说明
1	正确	单据内容必须正确，既要符合信用证的要求，又要能真实反映货物的实际情况，且各单据的内容不能相互矛盾
2	完整	完整可从以下几方面理解：第一，内容完整；第二，份数完整；第三，种类完整。凭单据买卖的合同/信用证都会明确要求出口需提交哪些单据、提交几份、有无正副本要求、是否需背书及应在单据上标明的内容，所有这些都必须满足
3	及时	制单应及时，以免错过交单日期或信用证有效期
4	简明	单据内容应按信用证要求和国际惯例填写，力求简明，切勿加列不必要的内容，单据中不应出现与单据本身无关的内容

序号	要求类别	具体说明
5	整洁	单据应清楚、干净、美观、大方，单据的格式设计合理、内容排列主次分明、重点内容醒目突出，不应出现涂抹现象，应尽量避免或减少加签修改

（二）单证制作的思路——从上到下、从左到右

从上到下，即从一张单据最上面的项目开始，填完上一行的项目再填下一行的项目，碰到一行有多个纵向项目时，则要遵循从左到右的原则。这样做有两个好处：一是不容易漏改需要改动的项目；二是把整张单据划分成单元小块完成制作，可以提高准确度。

外贸企业在制作单据时，每个企业都有其一套固定格式，通常每次都会套用固定格式，但在套用的同时容易出现"应该修改的项目而没有改过来"的错误。比如一种商品不同订单批次的出口单据，往往套用相同格式、抬头、品名的单据，但由于是不同批次的订单，票据在日期、数量和编号等方面有细微的差别，这些差别很容易被忽略。

> 只要奉行从上到下、从左到右的原则来制作单证，并在这个原则下切实做到"心想、口读、眼盯、笔点、尺比、逐行逐字母——核对"，基本上就可以避免这方面的错误。

（三）汇票的制作

汇票一般都一式两份，只要其中一份付讫，另一份即自动失效。汇票的内容及填写要求如表5-4所示。

表5-4　汇票的内容及填写要求

序号	条款	填写内容	填写要求
1	出票条款	信用证名下的汇票，应填写出票条款	须填写开证行名称、信用证号码和开证日期
2	汇票金额	托收项下汇票金额应与发票一致	（1）若采用部分托收、部分信用证方式结算，则两张汇票金额各按规定填写，两者之和等于发票金额

（续表）

序号	条款	填写内容	填写要求
2	汇票金额	托收项下汇票金额应与发票一致	（2）信用证项下的汇票，若信用证没有规定，则应与发票金额一致 （3）若信用证规定汇票金额为发票的百分之几，则按规定填写
3	付款人名称	托收方式的汇票，付款人为买方	（1）在信用证方式下，以信用证开证行或其指定的付款行为付款人 （2）若信用证未加说明，则以开证行为付款人
4	收款人名称	汇票的收款人应是银行	（1）在信用证方式下，收款人通常为议付行 （2）在托收方式下，收款人可以是托收行，均做成指示式抬头。托收中也可将出口方写成收款人（已收汇票），然后由收款人做委托收款背书给托收行

（四）发票的制作

发票是出口商业发票（Commercial Invoice）的简称，由受益人用英文制作，是出口单据的核心，是出口货物的总说明，是缮制其他单据的依据，是原始业务会计凭证。发票一般无正副本之分，几乎合同履行的各个环节都需要使用发票。

自 2006 年 4 月 11 日起，商务部发布的《低开出口发票行为处罚暂行办法》付诸实施后，该办法为防止企业低开出口发票扰乱正常市场秩序行为，将出口发票分为监制出口发票（由各地税务部门统一印制和监管）和自制出口发票（对外贸易经营者自行打印）两种，实际业务中企业还经常遇到海关发票（Customs Invoice）、领事发票（Consular Invoice）、厂商发票（Manufacturer's Invoice）、样品发票（Sample Invoice）和形式发票（Proforma Invoice）等特殊发票，不同发票内容相近，作用迥异。

1. 商业发票

商业发票简称发票，是卖方开立的载有货物的名称、数量、价格等内容的清单，是买卖双方凭此交接货物和结算货款的主要单证，也是办理进出口报关、纳税不可缺少的单证之一。

发票没有统一的格式，其内容应符合合同规定，在以信用证方式结算时，还应与信用证的规定严格相符。发票是全套货运单据的中心，其他单据均参照发票内容缮制，因而制作不仅要求正确无误，还应排列规范，整洁美观。

下面提供一份商业发票的范本，供读者参考。

【范本】商业发票

商业发票

COMMERCIAL INVOICE

Buyer:			Seller:		
			S/C No.		
Invoice to			Invoice No.:		
			Date:		
			Vendor No.		
			Terms of Payment:		
			Delivery Date:		
From:			To:		

Marks	Item No.	Descriptions	Qty （Piece）	Unite Price （USD）	Total Value （USD）
				Total:	

Say Total:

Beneficiary's Bank Information:

Beneficiary:

Bank Name:

Address:

SWIFT Code:

USD Account:

发票的内容通常包括发票名称、日期、号码，买卖双方名称，运输方式，装卸港，商品名称、规格、包装、数量、重量、价格、总值、唛头、佣金和折扣，信用证要求在发票中列明的内容和受益人签章等。凡对外出具的发票应清楚、干净、页面合理、美观，内容直观简要且完全符合信用证、合同和货物的实际情况，数字计算要准确，其具体的缮制要点如表 5-5 所示。

表 5-5　发票的缮制要点

序号	内容名称	具体说明
1	出票人名称、地址	通常事先印就，有关描述须醒目、正确、主次分明
2	发票的名称	用英文粗体标出 "Commercial Invoice" 字样，如信用证要求提供 "Receipted Invoice" 或 "Detailed Invoice"，应从其规定。根据 ISBP 规定，如信用证只要求 "Invoice"，提交任何形式的发票均可；如要求 "Commercial Invoice"，提交 "Invoice" 字样的发票，银行也应接受
3	发票日期和号码	日期一般不早于合同签订日，不迟于提单日，通常在信用证开证日之后；ISBP 规定，除非信用证另有规定，发票无须标注日期。发票号码一般由受益人自定义
4	抬头人	发票一般须以申请人为抬头人，通常填写在发票上印有 "To" "Sold to Messrs" "Messrs" "For account of" 和 "Consigned to" 等词语之后。注意：如信用证规定 "Applicant：The Bank of Tokyo Ltd., Tokyo A/C ABC Co., Ltd."，则应将后者作为发票抬头人；如规定 "Applicant：ABC Co. for account of XYZ Co. Ltd."，则两个人应同时出现在发票抬头人中；如信用证规定 "Applicant：ABC Co. Ltd. Invoice to be made in the name of XYZ Co., Ltd."，应以后者为抬头人。可转让信用证条件下会出现第二受益人提交的以第一受益人为抬头的发票；如要求中性发票的话，应以 "To whom it may concern" 为抬头
5	唛头及号码	应与信用证规定一致；如无，由受益人自行设计，格式以 ISO 的规定为准；如是散装货，可注明 "N/M" 或 "No Marks" 或 "In bulk" 字样；裸装货则可标明 "Naked" 或在货物端部涂刷某种颜色（如红色）时在唛头栏中填写 "Red Stripe" 等；注意，信用证中如规定 "Mark is restricted to…" 或 "Mark should include…"，应严格按所示字母、顺序、位置等填制
6	装卸港 / 地、路线及运输工具	填写货物实际装卸港 / 地的具体名称，如货物需转运，应在目的港之后将转运港名通过 W/T（With Transshipment）加以体现；制作发票时如尚未安排运输，运输工具通常可根据实际运输方式填写为 "By Sea/Vessel/Ship/Steamer" 或 "By Air" "By Rail" "By Truck/Road" 等

序号	内容名称	具体说明
7	商品描述	发票中的商品描述必须与信用证规定的相符，但并不是说应该完全一样，或是与信用证使用同样的格式或结构。品名若有误或有变化应在既不违反原则又考虑灵活性的情况下处理，品名不可遗漏或随意简写；对非英文品名要求应妥善、适当满足；发票中的商品描述必须真实反映实际货物；如果贸易术语是货物描述的一部分，则发票必须加以显示；发票显示的货物数量、重量和尺码不得与其他单据上的同种数值相矛盾
8	价格和金额	单价、币种和总值与信用证应保持一致；信用证要求扣除佣金，制单时必须扣除；信用证无扣佣规定，但金额正好是减佣后的净额，发票应显示减佣；有时合同规定佣金，信用证金额内未扣除，信用证内也未提及佣金事宜，发票中不应显示；信用证中要求分别列出运费、保费和 FOB 金额时，应按要求做；佣金、折扣不可混用，因前者要征税
9	发票的签名问题	根据 UCP600，如信用证无要求，可不签字；如要求，可在发票右下方盖章；如要求 Signed Invoice，则手签或盖章均可；如要求 Manually signed（Handwritten）Invoice，一定要手签；发票的签字除手签和盖章外，还可用签样印制、穿孔签字、符号表示或其他任何机械或电子证实方法处理。注意：证实发票必须签署；除另有规定，在带有公司抬头的信笺上签字被认为是公司的签字，不必重复公司的名称；签字的单据复印件和传真发送的有签字的单据不构成签署行为
10	发票的份数	具体规定正、副本份数；通过 "in triplicate" 或 "05 copies" 或 "3 folds" 等笼统规定（至少一份正本）；还可规定为 "One Invoice/Invoice in one copy"（一份正本）、"One copy of invoice"（可正可副）。注意：副本单据不能替代正本单据；除非有相反规定，正本单据可替代副本单据；未明确单据具体份数时只需要提供一份
11	发票的更正	由受益人通过加盖更正章完成，更正不宜过多，应尽量予以避免；同一份单据使用多种字体、字号或手写不视为更正
12	证明和声明文句	不同国家和地区的来证有时会要求在发票上加注某些证明或声明语句，一般包括：证明所列货物与合同或订单的货物相符；证明货物原产地；证明不装载于或停靠限制的船只或港口；证明货真价实；证明已经航邮有关单据；标明特定号码（进口证号、许可证号、税号等）
13	海关发票	应按具体国家规定格式填写，绝不可张冠李戴；必须手签；每项内容均须填写，无实际内容时填写 N/A（Not Applicable/ Available）或 NIL

（续表）

序号	内容名称	具体说明
14	领事发票	如要求领事发票，应注意出口地是否设有进口国的领事馆，而且应尽早办理
15	形式发票	形式发票的内容与一般商业发票类似，但主要用于进口商申请进口许可证、外汇或申请开证

2. 海关发票

在国际贸易中，有些进口国家要求国外出口商按进口国海关规定的格式填写海关发票，以作为估价完税，或征收差别待遇关税，或征收反倾销税的依据。此外，海关发票也可供编制统计资料之用。填写海关发票时，必须格外注意下列事项。

（1）各国使用的海关发票，都有其特定的格式，不得混用。

（2）凡海关发票与商业发票上共有的项目和内容，必须一致，不得互相矛盾。

（3）"出口国国内市场价格"一栏应按有关规定审慎处理，因为其价格的高低是进口国海关作为是否征收反倾销税的重要依据。

（4）如售价中包括运费或包括运费和保险费，应分别列明 FOB 价、运费、保险费各是多少，FOB 价加运费应与 CFR 货值相等，FOB 价加运费和保险费应与 CIF 货值相等。

（5）海关发票的签字人和证明人不能为同一个人，他们均以各自身份签字，而且必须手签才有效。

3. 领事发票

有些进口国家要求国外出口商必须向该国海关提供该国领事签证的发票，其作用与海关发票基本相似，各国领事签发领事发票时，均需收取一定的领事签证费。有些国家规定了领事发票的特定格式，因为有些国家规定可在出口商的发票上由该国领事签证。

4. 厂商发票

厂商发票是出口厂商所出具的以本国货币计算价格，用来证明出口国国内市场的出厂价格的发票，其作用是供进口国海关估价、核税以及征收反倾销税，如国外来证要求提供厂商发票，应参照海关发票有关国内价格的填写办法处理。

（五）运输单据的制作

运输单据因不同贸易方式而异，包括海运提单、海运单、航空运单、铁路运单、货物承运收据及多式联运单据等。我国外贸运输方式以海运为主。这里着重介绍海运提单（Bill of

Lading）的内容及要求，具体如表5-6所示。

表5-6 海运提单的内容及要求

序号	项目	内容及要求
1	托运人（Shipper）	一般即为出口商，也就是信用证的受益人。如果开证申请人为了贸易上的需要，在信用证内规定做成第三者提单也可照办，例如，请货运代理做托运人
2	收货人（Consignee）	该栏又称提单抬头，应严格按信用证规定制作。如以托收方式结算，则一般做成指示式抬头，即写成"To order"或"To the order of ×××"字样。不可做成以买方为抬头的记名提单或以买方为指示人的提单，以免过早转移物权
3	通知人（Notify Party）	这是货物到达目的港时船方发送到货通知的对象，通常为进口方或其代理人。填写时应遵守信用证的规定。如果信用证没有规定，则正本提单以不填为宜，但副本提单中仍应将进口方名称、地址填明，以便承运人通知
4	船名及航次（Name of Vessel; Voy No.）	填列所装船名及航次。如中途转船，只填写第一程船名航次
5	装运港（Port of Loading）和卸货港（Port of Discharge）	此栏应填写具体港口名称。卸货港如不同国家有重名，则应加注国名。卸货港如采取选择港方式，应全部列明。如伦敦／鹿特丹／汉堡选卸，则在卸货港栏中填上"option London ／ Rotterdam/ Hamburg"，收货人必须在船舶到达第一卸货港前在船公司规定时间内通知船方卸货港，否则船方可在其中任意一港卸货。选择港最多不得超过三个，且应在同一航线上，运费按最高者计收。如中途转船，卸货港即填写转船港名称，而目的港应填入"最终目的地"（Final Destination）栏内，也可在"卸货港"栏内填上目的港，同时注明"在 ×× 港转船"（W ／ T at ××）
6	提单号码（B/L No.）	提单上必须注明编号，以便核查，该号码与装货单（又称大副收据）或（集装箱）场站收据的号码是一致的。没有编号的提单无效
7	毛重和尺码（Gross Weight & Measurement）	除信用证另有规定外，重量以千克或吨为单位，体积以立方米为计算单位

（续表）

序号	项目	内容及要求
8	包装件数和种类（Number and Kind of Packages）与货物描述（Description of Goods）	按实际情况列明。一张提单有几种不同包装应分别列明，托盘和集装箱也可作为包装填列。裸装有捆、件，散装货应注明"In bulk"。货物名称允许使用货物统称，但不得与信用证中的货物描述有抵触。危险品应写清化学名称，注明国际海上危险品运输规则号码（IMCO Code Page）、联合同危险货物运输编号（UN Code No.）、危险品等级（Class No.）。冷藏货物注明所要求的温度
9	运费和费用（Freight & Charges）	本栏只填写运费支付情况。按 CFR 和 CIF 条件成交，应填写运费预付（Freight Prepaid）；按 FOB 条件成交，一般填写运费到付（Freight Collect），除非买方委托发货人代付运费。全程租船一般只写明"AS ARRANGED"（按照约定）。如信用证另有规定，按信用证规定填写
10	正本提单份数（Number of Original Bs/L）	按信用证规定签发，并分别用大小写数字填写，如"（2）TWO"。信用证中仅规定"全套"（FULL set），一般习惯做两份正本，但一份正本也可视为全套
11	提单日期和签发地点	除备运提单外，提单日期均为装货完毕日期，不能迟于信用证规定的装运期。提单签发地点按装运地填列。如果船期晚于规定装运期，要求船方同意以担保函换取较早日期提单，这就是"倒签提单"；货未装上船就要求船方出具已装船提单，这就是"预借提单"，这种做法系国际航运界陋习，一旦暴露，可能造成对方索赔以致拒收而导致巨大损失
12	签署	海运提单应注明承运人名称，并由承运人或其代理人、船长或其代理人签署。签署人也须表明其身份。若为代理人签署，也须表明被代理一方的名称和身份
13	唛头（Shipping Marks）	与发票所列一致
14	其他	信用证要求在提单上加注的内容。如信用证规定"每份单据上均应显示信用证号码""提单需提供中国国际贸易促进委员会证明"，必须按信用证规定处理

（六）原产地证明书的制作

有些不使用海关发票或领事发票的国家，要求出口商提供原产地证明书，以便确定进口货物应征收的税率。原产地证明书一般由出口地的公证行或工商团体签发。在我国，通常由国家质检总局或中国国际贸易促进委员会签发。

1.普惠制证书

新西兰、日本、加拿大和欧盟等20多个国家和地区给我国以普惠制待遇，凡向这些国家出口的货物，须提供普惠制证书，作为对方国家海关减免关税的依据。各种普惠制单据内容的填写应符合各个项目的要求，不能填错，否则，就有可能丧失享受普惠制待遇的机会。

2.普通产地证

用以证明货物的生产国别，进口国海关凭此核定应征收的税率。在我国，普通产地证可由出口商自行签发，或由国家质检总局签发，或由中国国际贸易促进委员会签发。实际业务中，外贸企业应根据买卖合同或信用证的规定，提交相应的产地证。在缮制产地证时，外贸企业应按《中华人民共和国原产地规则》及其他规定办理。

（七）检验证书的制作

检验证书包括品质检验证书、重量检验证书、数量检验证书、兽医检验证书、卫生检验证书、价值检验证书和残损检验证书等。外贸企业须提供何种检验证书，应事先在检验条款中做出明确规定。

（八）包装单据的制作

包装单据是指一切记载或描述商品包装种类和规格情况的单据，是商业发票的补充说明，主要包括装箱单、重量单、尺码单。其制作方法前文已经详细介绍，此处不再赘述。

三、审核单证

在各种单证缮制或获取完毕后，外贸业务人员应对单证再次全部审核一遍，确保单证的最终质量及安全收汇。审单的要求与制单一样，都应根据信用证、合同条款规定的内容进行准确、全面、及时的审核，达到"单证一致、单单一致"。

（一）排列单证审核顺序

业务人员应将审单记录表放在桌面右边，把单证放在桌面中间。单证的顺序是：汇票→商业发票→包装单……倒数第二个是保险单，倒数第一个是提单。单证要有固定的开头次序和固定的末尾次序，中间次序任意，信用证放在桌面左边。

（二）横审

（1）信用证如有修改，跟单人员应以修改条款核对有关单据。

（2）业务人员应将信用证从头到尾地阅读一遍，每涉及一种单据，立即与那一种单据核对，以达到单证一致。

（3）业务人员应阅读信用证文句，并与单据核对，发现不相符的地方立刻记录在审单记录表上。业务人员可在记录文字后面写上"改""加""补"等字，待改妥时，再在这些字上画圈表示改妥，无此不符点了。

> 绝不能在整个信用证核对完毕后再一次性写出发现的全部不符点，因为那样做很容易遗忘个别的不符点。当全部的"改""加""补"都已画圈后，就表示单据全部改妥并相符了。

（4）业务人员应将审完的单据反转放置在桌面中间的未审单据前面，待全套单据审完，再将已经反转放置的单据翻过来恢复原状。业务人员还要在"信用证项下审单记录表"（如表5-7所示）上做好记录。

表5-7　信用证项下审单记录表

订单号：　　　　　　　　　　信用证号：

Content / Documents / L/C Items	Commercial Invoice	Inspection Certificate	Packing List	Insurance Policy	B/L	Draft
L/C No.						
L/C: date of issue						
L/C: expiry date						

Content / Documents / L/C Items	Commercial Invoice	Inspection Certificate	Packing List	Insurance Policy	B/L	Draft
Invoice No.						
Applicant's Name & Address						
Currency code & Amount						
Description of Goods						
Incoterms						
Total Price（maximum amount）						
Last day of shipment						
Date of issue of the document						
Last day of Presentation						
Port of Loading						
Port of destination						
Partial shipment						
Transshipment						
Negotiation bank						
Freight prepaid or collect						
On board						
Clean						
Made out to order...						
Confirmation Instruction						
Number of documents						
Signed by authorized person						
Stamped by the company						
Drawee of draft						
Original						

审单员： 审单日期：

（三）纵审

纵审的目的是要达到单单一致。单据在经过横审和纵审后都没有发现不符点，或发现的不符点已经改妥，即可确定单据全部相符。

纵审的操作要领为：

（1）以发票为中心，与其他单据逐个核对，先将被核对的单据阅读一遍，然后与发票的相同资料核对是否一致；

（2）将提单与保险单进行核对。

第二节　交单结汇

交单结汇是指出口商在信用证有效期后交单期内向指定银行提交符合信用证规定的单据，银行收到单据应立即按照信用证规定进行审核，确认无误后于收到单据次日起不超过 5 个银行工作日内办理出口结汇，并按当日外汇买入价购入，结算成人民币支付给出口商。

一、交单结汇的方式与要求

（一）交单的方式与要求

交单是指出口商将审核无误的全套单证送交议付银行的行为。交单的基本要求是：单证正确、完整，提交及时，在信用证条件下，应在信用证有效期内交单。不同结算方式下的交单如图 5-1 所示。

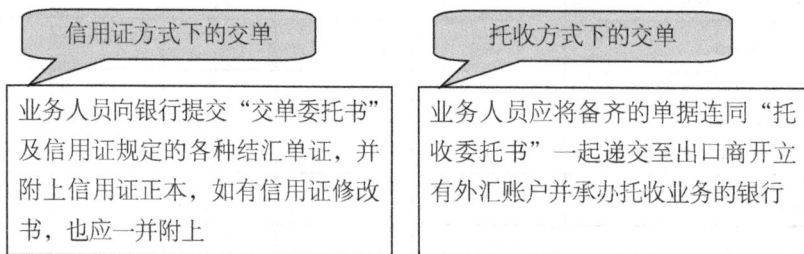

信用证方式下的交单	托收方式下的交单
业务人员向银行提交"交单委托书"及信用证规定的各种结汇单证，并附上信用证正本，如有信用证修改书，也应一并附上	业务人员应将备齐的单据连同"托收委托书"一起递交至出口商开立有外汇账户并承办托收业务的银行

图 5-1　不同结算方式下的交单

交单方式有两种：一种是两次交单，或称预审交单，即在运输单据签发前，先将其他已备妥的单据交银行预审，发现问题及时更正，待货物装运后收到运输单据，可以当天议付并对外寄单；另一种是一次交单，即在全套单据收齐后一次性送交银行。

> 由于两次交单时货已发运，银行审单后若发现不符点需要退单修改，需耗费时日，容易造成逾期而影响收汇安全，为了提高单证质量，保证安全和及时收汇，我国银贸双方本着密切配合、相互支持的原则，采用在运输单据签发之前先将其他已备齐的单据送交银行预审和在全部单据备齐后向银行交单的两次交单方式，加速收汇。

交单应注意确保：

（1）单据的种类和份数与信用证的规定相符；

（2）单据内容正确，包括所用文字与信用证一致；

（3）交单时间必须在信用证规定的交单期和有效期之内。

（二）结汇的方式

信用证项下的出口单据经银行审核无误后，银行按信用证规定的付汇条件，将外汇结付给出口企业。在我国的出口业务中，大多使用议付信用证，也有少量使用付款信用证和承兑信用证的。

1. 出口结汇的三种方式

出口结汇方式主要有三种，具体如表5-8所示。

表5-8　出口结汇方式

序号	方式类别	具体说明
1	议付信用证	议付又称出口押汇。议付押汇收取单据作为质押。议付行按汇票或发票面值，扣除从议付日起到估计收到开证行或偿付行票款之日的利息，将货款先行垫付给出口商（信用证受益人）。议付是可以追索的，如开证行拒付，议付行可向出口商追还已垫付的货款。议付信用证中规定，开证行对议付行承担到期承兑和付款的责任。银行如仅仅审核单据而不支付价款则不构成议付

（续表）

序号	方式类别	具体说明
2	付款信用证	付款信用证通常不用汇票，在业务中使用的即期付款信用证中，国外开证行指定出口地的分行或代理行为付款行，受益人径直向付款行交单。付款行付款时不扣除汇程利息。付款是不可追索的。在信用证方式中，这显然是对出口商最为有利的一种结汇方式
3	承兑信用证	承兑信用证的受益人开出远期汇票，通过国内代收行向开证行或开证行指定的银行提示，经其承兑后交单。已得到银行承兑的汇票可到期收款，也可贴现。若国内代收行愿意做出口押汇（议付），则出口商也可立即收到货款，但此时该银行仅以汇票的合法持票人身份向开证行要求付款，不具有开证行所要求的议付行的身份

2. 议付信用证的结汇方式

在我国出口业务中，使用议付信用证的情况比较多。对于这种信用证的出口结汇方式，主要有三种：收妥结汇、定期结汇和买单结汇（如图 5-2 所示）。

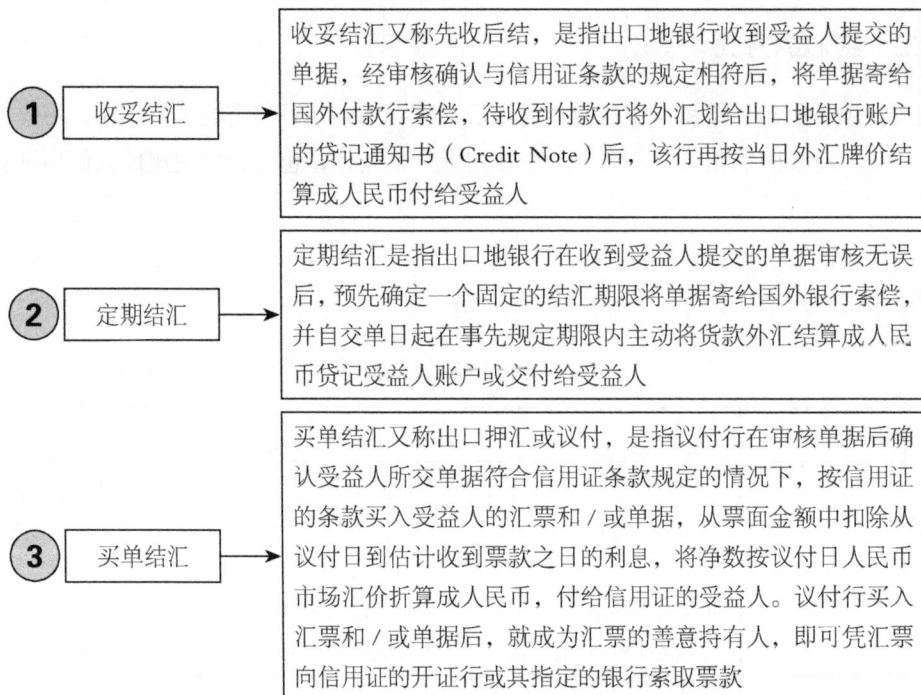

① 收妥结汇 → 收妥结汇又称先收后结，是指出口地银行收到受益人提交的单据，经审核确认与信用证条款的规定相符后，将单据寄给国外付款行索偿，待收到付款行将外汇划给出口地银行账户的贷记通知书（Credit Note）后，该行再按当日外汇牌价结算成人民币付给受益人

② 定期结汇 → 定期结汇是指出口地银行在收到受益人提交的单据审核无误后，预先确定一个固定的结汇期限将单据寄给国外银行索偿，并自交单日起在事先规定期限内主动将货款外汇结算成人民币贷记受益人账户或交付给受益人

③ 买单结汇 → 买单结汇又称出口押汇或议付，是指议付行在审核单据后确认受益人所交单据符合信用证条款规定的情况下，按信用证的条款买入受益人的汇票和 / 或单据，从票面金额中扣除从议付日到估计收到票款之日的利息，将净数按议付日人民币市场汇价折算成人民币，付给信用证的受益人。议付行买入汇票和 / 或单据后，就成为汇票的善意持有人，即可凭汇票向信用证的开证行或其指定的银行索取票款

图 5-2　议付信用证的结汇方式

二、交单结汇的流程

交单结汇的流程如图5-3所示。

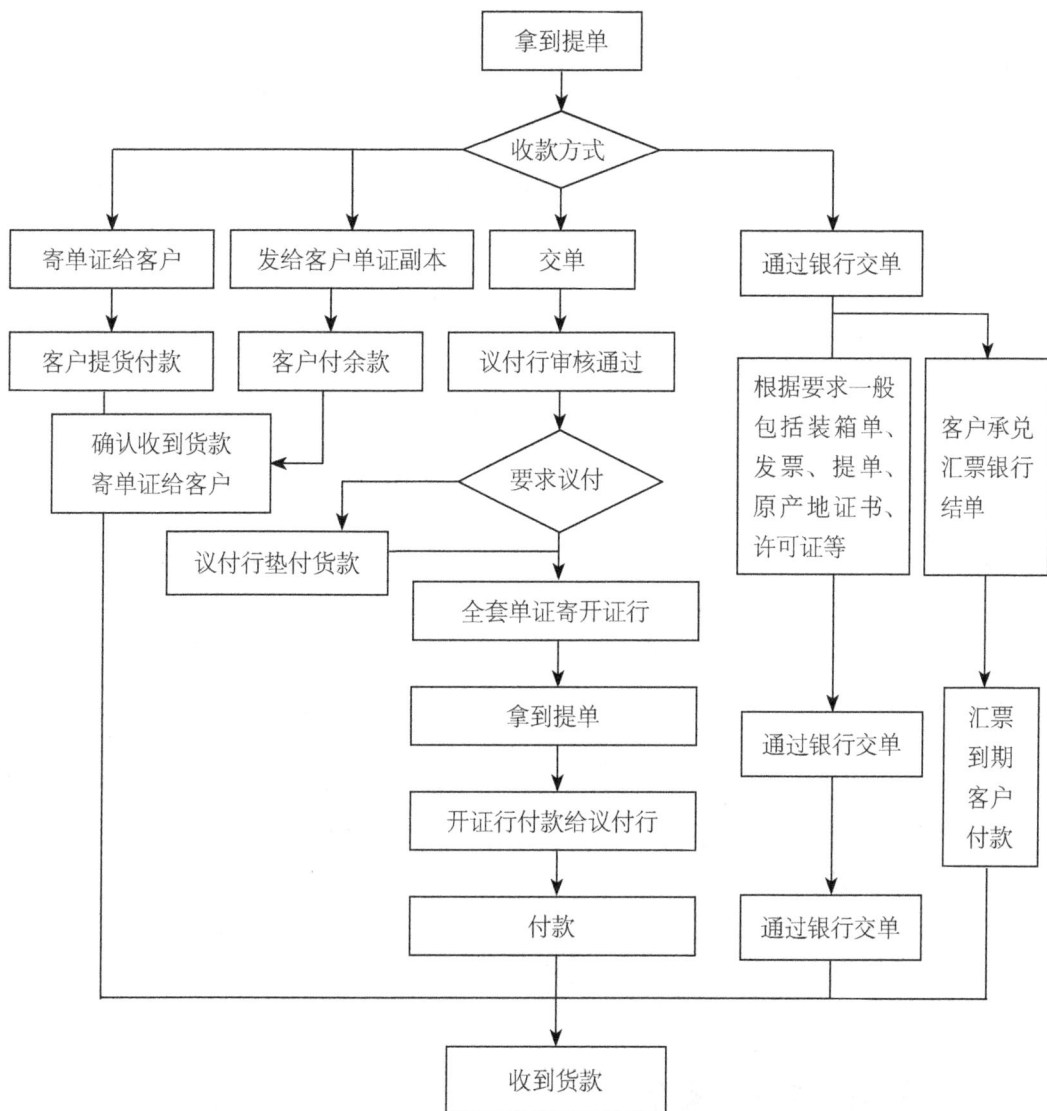

图5-3　交单结汇的流程

三、议付单据不符点的处理

不符点是指开证行审核出的议付单据与信用证要求不符的错误或者疑义，或者是议付单据之间不相符的错误或者疑义。

（一）开证行的处理

开证行审出不符点通常都会书面告知议付行，经过银行间交涉最终确定是否为不符点。确定为不符点的，开证行会告知开证申请人，如果开证申请人接受不符点，则开证行扣除不符点费用后支付或者承兑信用证项下货款。

如果开证申请人不接受不符点，则开证行会拒付信用证项下货款。

（二）外贸企业的处理

单据中存在不符点，外贸企业可以用以下两种方式处理。

（1）在议付行交单时发现有不符点，凡是来得及并可以修改的，就直接修改这些不符点，使之与信用证相符，从而保证正常议付货款。

（2）在议付行交单时发现有不符点，但已来不及修改的，或单据到开证行被发现有不符点，此时已无法修改的，则可以通知开证申请人（进口商），说明单据出现的不符点，请其来电确认接受不符点，同时向开证行表示接受单据的不符点，则仍可以收回货款。但这有一个前提，即只是单据不符合信用证的规定，而无货物质量的问题或不符，否则进口商有可能不接受货物质量的不符点。

上述第（2）种方式实际上已经是由信用证性质变成了托收性质，即由原来信用证的银行承诺的第一付款责任的地位，退为托收银行的地位。这种变化是因为单证不符而引起的，贸易风险也随之加大了。

因此，信用证结算的首要问题就是一定要做到"单证相符"和"单单相符"，这样才能保证安全收汇。这是信用证结算必须重视的首要问题，不能有半点含糊。

四、单据副本归档保管

外贸企业在交单结汇后，应将一套完整的单据副本归档保管。出口单证是出口业务的主要凭证，尽管一笔外贸出口业务的合同已经履行完毕，但由于各种因素，往往还需查阅这些单据。例如，保险事因的发生，进口商对品质、数量的异议及索赔等，万一此类事件发生，就需查阅出口单证。所以，每笔出口业务的全套单据应留有一套副本归档保存备查。

由于与贸易有关的诉讼时效是自货到后起两年，所以，单据的保存期一般为 2 ~ 3 年。随着单证电子化的推广应用，单证的归档保存有了更加便捷的手段。